ALEMÃO
VOCABULÁRIO

PORTUGUÊS BRASILEIRO

PORTUGUÊS ALEMÃO

Para alargar o seu léxico e apurar
as suas competências linguísticas

5000 palavras

Vocabulário Português Brasileiro-Alemão - 5000 palavras

Por Andrey Taranov

Os vocabulários da T&P Books destinam-se a ajudar a aprender, a memorizar, e a rever palavras estrangeiras. O dicionário é dividido em temas, cobrindo todas as principais esferas de atividades quotidianas, negócios, ciência, cultura, etc.

O processo de aprendizagem, utilizando os dicionários baseados em temáticas da T&P Books dá-lhe as seguintes vantagens:

- Informação de origem corretamente agrupada predetermina o sucesso em fases subsequentes da memorização de palavras
- Disponibilização de palavras derivadas da mesma raiz, o que permite a memorização de unidades de texto (em vez de palavras separadas)
- Pequenas unidades de palavras facilitam o processo de estabelecimento de vínculos associativos necessários para a consolidação do vocabulário
- O nível de conhecimento da língua pode ser estimado pelo número de palavras aprendidas

T&P Books Publishing
www.tpbooks.com

ISBN: 978-1-78767-382-3

Este livro também está disponível em formato E-book.
Por favor visite www.tpbooks.com ou as principais livrarias on-line.

VOCABULÁRIO ALEMÃO
palavras mais úteis

Os vocabulários da T&P Books destinam-se a ajudar a aprender, a memorizar, e a rever palavras estrangeiras. O vocabulário contém mais de 5000 palavras de uso comum organizadas tematicamente.

O vocabulário contém as palavras mais comummente usadas
Recomendado como adicional para qualquer curso de línguas
Satisfaz as necessidades dos iniciados e dos alunos avançados de línguas estrangeiras
Conveniente para o uso diário, sessões de revisão e atividades de auto-teste
Permite avaliar o seu vocabulário

Características especias do vocabulário

- As palavras estão organizadas de acordo com o seu significado, e não por ordem alfabética
- As palavras são apresentadas em três colunas para facilitar os processos de revisão e auto-teste
- As palavras compostas são divididas em pequenos blocos para facilitar o processo de aprendizagem
- O vocabulário oferece uma transcrição simples e adequada de cada palavra estrangeira

O vocabulário contém 155 tópicos incluindo:

Conceitos básicos, Números, Cores, Meses, Estações do ano, Unidades de medida, Roupas & Acessórios, Alimentos & Nutrição, Restaurante, Membros da Família, Parentes, Caráter, Sentimentos, Emoções, Doenças, Cidade, Passeios, Compras, Dinheiro, Casa, Lar, Escritório, Trabalho no Escritório, Importação & Exportação, Marketing, Pesquisa de Emprego, Esportes, Educação, Computador, Internet, Ferramentas, Natureza, Países, Nacionalidades e muito mais ...

TABELA DE CONTEÚDOS

GUIA DE PRONUNCIAÇÃO

Alfabeto fonético T&P	Exemplo Alemão	Exemplo Português
[a]	Blatt	chamar
[ɐ]	Meister	amar
[e]	Melodie	metal
[ɛ]	Herbst	mesquita
[ə]	Leuchte	milagre
[ɔ]	Knopf	emboço
[o]	Operette	lobo
[œ]	Förster	orgulhoso
[ø]	nötig	orgulhoso
[æ]	Los Angeles	semana
[i]	Spiel	sinônimo
[ɪ]	Absicht	sinônimo
[ʊ]	Skulptur	bonita
[u]	Student	bonita
[y]	Pyramide	questionar
[ʏ]	Eukalyptus	questionar

Consoantes

[b]	Bibel	barril
[d]	Dorf	dentista
[f]	Elefant	safári
[ʒ]	Ingenieur	talvez
[dʒ]	Jeans	adjetivo
[j]	Interview	Vietnã
[g]	August	gosto
[h]	Haare	[h] aspirada
[ç]	glücklich	caixa
[x]	Kochtopf	fricativa uvular surda
[k]	Kaiser	aquilo
[l]	Verlag	libra
[m]	Messer	magnólia
[n]	Norden	natureza
[ŋ]	Onkel	alcançar
[p]	Gespräch	presente

Alfabeto fonético T&P	Exemplo Alemão	Exemplo Português
[r]	Force majeure	riscar
[ʁ]	Kirche	[r] vibrante
[ʀ]	fragen	[r] vibrante
[s]	Fenster	sanita
[t]	Foto	tulipa
[ts]	Gesetz	tsé-tsé
[ʃ]	Anschlag	mês
[ʧ]	Deutsche	Tchau!
[w]	Sweater	página web
[v]	Antwort	fava
[z]	langsam	sésamo

Ditongos

[aɪ]	Speicher	cereais
[ɪa]	Miniatur	Himalaias
[ɪo]	Radio	ioga
[jo]	Illustration	ioga
[ɔɪ]	feucht	moita
[ɪe]	Karriere	folheto

Símbolos adicionais

[']	['aːbɐ]	acento principal
[ˌ]	['dɛŋkˌmaːl]	acento secundário
[ʔ]	[oˈliːvənˌʔøːl]	oclusiva glotal
[ː]	['myːlə]	som de longa duração
[·]	['ʀaɪzə·byˌʀoː]	ponto mediano

ABREVIATURAS
usadas no vocabulário

Abreviaturas do Português

adj	-	adjetivo
adv	-	advérbio
anim.	-	animado
conj.	-	conjunção
desp.	-	esporte
etc.	-	Etcetera
ex.	-	por exemplo
f	-	nome feminino
f pl	-	feminino plural
fem.	-	feminino
inanim.	-	inanimado
m	-	nome masculino
m pl	-	masculino plural
m, f	-	masculino, feminino
masc.	-	masculino
mat.	-	matemática
mil.	-	militar
pl	-	plural
prep.	-	preposição
pron.	-	pronome
sb.	-	sobre
sing.	-	singular
v aux	-	verbo auxiliar
vi	-	verbo intransitivo
vi, vt	-	verbo intransitivo, transitivo
vr	-	verbo reflexivo
vt	-	verbo transitivo

Abreviaturas do Alemão

f	-	nome feminino
f pl	-	feminino plural
f, n	-	feminino, neutro
m	-	nome masculino
m pl	-	masculino plural
m, f	-	masculino, feminino
m, n	-	masculino, neutro
n	-	neutro

n pl	-	neutro plural
pl	-	plural
v mod	-	verbo modal
vi	-	verbo intransitivo
vi, vt	-	verbo intransitivo, transitivo
vt	-	verbo transitivo

CONCEITOS BÁSICOS

Conceitos básicos. Parte 1

1. Pronomes

eu	ich	[ɪç]
você	du	[du:]
ele	er	[e:ɐ]
ela	sie	[zi:]
ele, ela (neutro)	es	[ɛs]
nós	wir	[vi:ɐ]
vocês	ihr	[i:ɐ]
o senhor, -a	Sie	[zi:]
senhores, -as	Sie	[zi:]
eles, elas	sie	[zi:]

2. Cumprimentos. Saudações. Despedidas

Oi!	Hallo!	[ha'lo:]
Olá!	Hallo!	[ha'lo:]
Bom dia!	Guten Morgen!	['gu:tən 'mɔʁgən]
Boa tarde!	Guten Tag!	['gu:tən 'ta:k]
Boa noite!	Guten Abend!	['gu:tən 'a:bənt]
cumprimentar (vt)	grüßen (vi, vt)	['gʀy:sən]
Oi!	Hallo!	[ha'lo:]
saudação (f)	Gruß (m)	[gʀu:s]
saudar (vt)	begrüßen (vt)	[bə'gʀy:sən]
Tudo bem?	Wie geht's?	[ˌvi: 'ge:ts]
E aí, novidades?	Was gibt es Neues?	[vas gi:pt ɛs 'nɔɪəs]
Tchau! Até logo!	Auf Wiedersehen!	[aʊf 'vi:dɐˌze:ən]
Até breve!	Bis bald!	[bɪs balt]
Adeus! (sing.)	Lebe wohl!	['le:bə vo:l]
Adeus! (pl)	Leben Sie wohl!	['le:bən zi: vo:l]
despedir-se (dizer adeus)	sich verabschieden	[zɪç fɛɐ'apˌʃi:dən]
Até mais!	Tschüs!	[tʃy:s]
Obrigado! -a!	Danke!	['daŋkə]
Muito obrigado! -a!	Dankeschön!	['daŋkəʃø:n]
De nada	Bitte!	['bɪtə]
Não tem de quê	Keine Ursache!	['kaɪnə 'u:ɐˌzaχə]
Não foi nada!	Nichts zu danken!	[nɪçts tsu 'daŋkən]
Desculpa!	Entschuldige!	[ɛnt'ʃʊldɪgə]

Desculpe!	Entschuldigung!	[ɛnt'ʃʊldɪɡʊŋ]
desculpar (vt)	entschuldigen (vt)	[ɛnt'ʃʊldɪɡən]

desculpar-se (vr)	sich entschuldigen	[zɪç ɛnt'ʃʊldɪɡən]
Me desculpe	Verzeihung!	[fɛɐ'tsaɪʊŋ]
Desculpe!	Entschuldigung!	[ɛnt'ʃʊldɪɡʊŋ]
perdoar (vt)	verzeihen (vt)	[fɛɐ'tsaɪən]
Não faz mal	Das macht nichts!	[das maχt nɪçts]
por favor	bitte	['bɪtə]

Não se esqueça!	Nicht vergessen!	[nɪçt fɛɐ'ɡɛsən]
Com certeza!	Natürlich!	[na'ty:ɐlɪç]
Claro que não!	Natürlich nicht!	[na'ty:ɐlɪç 'nɪçt]
Está bem! De acordo!	Gut! Okay!	[ɡu:t], [o'ke:]
Chega!	Es ist genug!	[ɛs ist ɡə'nu:k]

3. Como se dirigir a alguém

senhor	Herr	[hɛɐ]
senhora	Frau	[fʀaʊ]
senhorita	Frau	[fʀaʊ]
jovem	Junger Mann	['jʏŋɐ man]
menino	Junge	['jʊŋə]
menina	Mädchen	['mɛ:tçən]

4. Números cardinais. Parte 1

zero	null	[nʊl]
um	eins	[aɪns]
dois	zwei	[tsvaɪ]
três	drei	[dʀaɪ]
quatro	vier	[fi:ɐ]

cinco	fünf	[fʏnf]
seis	sechs	[zɛks]
sete	sieben	['zi:bən]
oito	acht	[aχt]
nove	neun	[nɔɪn]

dez	zehn	[tse:n]
onze	elf	[ɛlf]
doze	zwölf	[tsvœlf]
treze	dreizehn	['dʀaɪtse:n]
catorze	vierzehn	['fɪɐtse:n]

quinze	fünfzehn	['fʏnftse:n]
dezesseis	sechzehn	['zɛçtse:n]
dezessete	siebzehn	['zi:ptse:n]
dezoito	achtzehn	['aχtse:n]
dezenove	neunzehn	['nɔɪntse:n]
vinte	zwanzig	['tsvantsɪç]
vinte e um	einundzwanzig	['aɪn·ʊnt·'tsvantsɪç]

vinte e dois	zweiundzwanzig	['tsvaɪ·ʊnt·'tsvantsɪç]
vinte e três	dreiundzwanzig	['dʀaɪ·ʊnt·'tsvantsɪç]
trinta	dreißig	['dʀaɪsɪç]
trinta e um	einunddreißig	['aɪn·ʊnt·'dʀaɪsɪç]
trinta e dois	zweiunddreißig	['tsvaɪ·ʊnt·'dʀaɪsɪç]
trinta e três	dreiunddreißig	['dʀaɪ·ʊnt·'dʀaɪsɪç]
quarenta	vierzig	['fɪʁtsɪç]
quarenta e um	einundvierzig	['aɪn·ʊnt·'fɪʁtsɪç]
quarenta e dois	zweiundvierzig	['tsvaɪ·ʊnt·'fɪʁtsɪç]
quarenta e três	dreiundvierzig	['dʀaɪ·ʊnt·'fɪʁtsɪç]
cinquenta	fünfzig	['fʏnftsɪç]
cinquenta e um	einundfünfzig	['aɪn·ʊnt·'fʏnftsɪç]
cinquenta e dois	zweiundfünfzig	['tsvaɪ·ʊnt·'fʏnftsɪç]
cinquenta e três	dreiundfünfzig	['dʀaɪ·ʊnt·'fʏnftsɪç]
sessenta	sechzig	['zɛçtsɪç]
sessenta e um	einundsechzig	['aɪn·ʊnt·'zɛçtsɪç]
sessenta e dois	zweiundsechzig	['tsvaɪ·ʊnt·'zɛçtsɪç]
sessenta e três	dreiundsechzig	['dʀaɪ·ʊnt·'zɛçtsɪç]
setenta	siebzig	['ziːptsɪç]
setenta e um	einundsiebzig	['aɪn·ʊnt·'ziːptsɪç]
setenta e dois	zweiundsiebzig	['tsvaɪ·ʊnt·'ziːptsɪç]
setenta e três	dreiundsiebzig	['dʀaɪ·ʊnt·'ziːptsɪç]
oitenta	achtzig	['aχtsɪç]
oitenta e um	einundachtzig	['aɪn·ʊnt·'aχtsɪç]
oitenta e dois	zweiundachtzig	['tsvaɪ·ʊnt·'aχtsɪç]
oitenta e três	dreiundachtzig	['dʀaɪ·ʊnt·'aχtsɪç]
noventa	neunzig	['nɔɪntsɪç]
noventa e um	einundneunzig	['aɪn·ʊnt·'nɔɪntsɪç]
noventa e dois	zweiundneunzig	['tsvaɪ·ʊnt·'nɔɪntsɪç]
noventa e três	dreiundneunzig	['dʀaɪ·ʊnt·'nɔɪntsɪç]

5. Números cardinais. Parte 2

cem	einhundert	['aɪn‚hʊndɐt]
duzentos	zweihundert	['tsvaɪ‚hʊndɐt]
trezentos	dreihundert	['dʀaɪ‚hʊndɐt]
quatrocentos	vierhundert	['fiːɐ‚hʊndɐt]
quinhentos	fünfhundert	['fʏnf‚hʊndɐt]
seiscentos	sechshundert	[zɛks‚hʊndɐt]
setecentos	siebenhundert	['ziːbən‚hʊndɐt]
oitocentos	achthundert	['aχt‚hʊndɐt]
novecentos	neunhundert	['nɔɪn‚hʊndɐt]
mil	eintausend	['aɪn‚taʊzənt]
dois mil	zweitausend	['tsvaɪ‚taʊzənt]
três mil	dreitausend	['dʀaɪ‚taʊzənt]

dez mil	zehntausend	['tsen͵tauzənt]
cem mil	hunderttausend	['hundet͵tauzənt]
um milhão	Million (f)	[mɪ'ljo:n]
um bilhão	Milliarde (f)	[mɪ'lɪaʁdə]

6. Números ordinais

primeiro (adj)	der erste	[de:ɐ 'ɛʁstə]
segundo (adj)	der zweite	[de:ɐ 'tsvaɪtə]
terceiro (adj)	der dritte	[de:ɐ 'dʀɪtə]
quarto (adj)	der vierte	[de:ɐ 'fi:ɐtə]
quinto (adj)	der fünfte	[de:ɐ 'fʏnftə]

sexto (adj)	der sechste	[de:ɐ 'zɛkstə]
sétimo (adj)	der siebte	[de:ɐ 'zi:ptə]
oitavo (adj)	der achte	[de:ɐ 'aχtə]
nono (adj)	der neunte	[de:ɐ 'nɔɪntə]
décimo (adj)	der zehnte	[de:ɐ tse:ntə]

7. Números. Frações

fração (f)	Bruch (m)	[bʀuχ]
um meio	Hälfte (f)	['hɛlftə]
um terço	Drittel (n)	['dʀɪtəl]
um quarto	Viertel (n)	['fɪʁtəl]

um oitavo	Achtel (m, n)	['aχtəl]
um décimo	Zehntel (m, n)	['tse:ntəl]
dois terços	zwei Drittel	[tsvaɪ 'dʀɪtəl]
três quartos	drei Viertel	[dʀaɪ 'fɪʁtəl]

8. Números. Operações básicas

subtração (f)	Subtraktion (f)	[zuptʀak'tsjo:n]
subtrair (vi, vt)	subtrahieren (vt)	[zuptʀa'hi:ʀən]
divisão (f)	Division (f)	[divi'zjo:n]
dividir (vt)	dividieren (vt)	[divi'di:ʀən]

adição (f)	Addition (f)	[adi'tsjo:n]
somar (vt)	addieren (vt)	[a'di:ʀən]
adicionar (vt)	hinzufügen (vt)	[hɪn'tsu:͵fy:gən]
multiplicação (f)	Multiplikation (f)	[multiplika'tsjo:n]
multiplicar (vt)	multiplizieren (vt)	[multipli'tsi:ʀən]

9. Números. Diversos

| algarismo, dígito (m) | Ziffer (f) | ['tsɪfe] |
| número (m) | Zahl (f) | [tsa:l] |

numeral (m)	Zahlwort (n)	['tsa:l‚vɔʁt]
menos (m)	Minus (n)	['mi:nʊs]
mais (m)	Plus (n)	[plʊs]
fórmula (f)	Formel (f)	['fɔʁmǝl]

cálculo (m)	Berechnung (f)	[bǝ'ʀɛçnʊŋ]
contar (vt)	zählen (vt)	['tsɛ:lǝn]
calcular (vt)	berechnen (vt)	[bǝ'ʀɛçnǝn]
comparar (vt)	vergleichen (vt)	[fɛʁ'glaɪçǝn]

| Quanto? | Wie viel? | ['vi: fi:l] |
| Quantos? -as? | Wie viele? | [vi: 'fi:lǝ] |

soma (f)	Summe (f)	['zʊmǝ]
resultado (m)	Ergebnis (n)	[ɛʁ'ge:pnɪs]
resto (m)	Rest (m)	[ʀɛst]

alguns, algumas ...	einige	['aɪnɪgǝ]
pouco (~ tempo)	wenig ...	['ve:nɪç]
resto (m)	Übrige (n)	['y:bʀɪgǝ]
um e meio	anderthalb	['andǝt'halp]
dúzia (f)	Dutzend (n)	['dʊtsǝnt]

ao meio	entzwei	[ɛn'tsvaɪ]
em partes iguais	zu gleichen Teilen	[tsu 'glaɪçǝn 'taɪlǝn]
metade (f)	Hälfte (f)	['hɛlftǝ]
vez (f)	Mal (n)	[ma:l]

10. Os verbos mais importantes. Parte 1

abrir (vt)	öffnen (vt)	['œfnǝn]
acabar, terminar (vt)	beenden (vt)	[bǝ'ʔɛndǝn]
aconselhar (vt)	raten (vt)	['ʀa:tǝn]
adivinhar (vt)	richtig raten (vt)	['ʀɪçtɪç 'ʀa:tǝn]
advertir (vt)	warnen (vt)	['vaʁnǝn]

ajudar (vt)	helfen (vi)	['hɛlfǝn]
almoçar (vi)	zu Mittag essen	[tsu 'mɪta:k 'ɛsǝn]
alugar (~ um apartamento)	mieten (vt)	['mi:tǝn]
amar (pessoa)	lieben (vt)	['li:bǝn]
ameaçar (vt)	drohen (vi)	['dʀo:ǝn]

anotar (escrever)	aufschreiben (vt)	['aʊfʃʀaɪbǝn]
apressar-se (vr)	sich beeilen	[zɪç bǝ'ʔaɪlǝn]
arrepender-se (vr)	bedauern (vt)	[bǝ'daʊɐn]
assinar (vt)	unterschreiben (vt)	[‚ʊntɐ'ʃʀaɪbǝn]
brincar (vi)	Witz machen	[vɪts 'maxǝn]

brincar, jogar (vi, vt)	spielen (vi, vt)	['ʃpi:lǝn]
buscar (vt)	suchen (vt)	['zu:xǝn]
caçar (vi)	jagen (vi)	['jagǝn]
cair (vi)	fallen (vi)	['falǝn]
cavar (vt)	graben (vt)	['gʀa:bǝn]
chamar (~ por socorro)	rufen (vi)	['ʀu:fǝn]

17

chegar (vi)	ankommen (vi)	['anˌkɔmən]
chorar (vi)	weinen (vi)	['vaɪnən]
começar (vt)	beginnen (vt)	[bə'gɪnən]
comparar (vt)	vergleichen (vt)	[fɛɐ̯'glaɪçən]
concordar (dizer "sim")	zustimmen (vi)	['tsuːʃtɪmən]

confiar (vt)	vertrauen (vi)	[fɛɐ̯'tʀaʊən]
confundir (equivocar-se)	verwechseln (vt)	[fɛɐ̯'vɛksəln]
conhecer (vt)	kennen (vt)	['kɛnən]
contar (fazer contas)	rechnen (vt)	['ʀɛçnən]
contar com ...	auf ... zählen	[aʊf ... 'tsɛːlən]
continuar (vt)	fortsetzen (vt)	['fɔʁtˌzɛtsən]

controlar (vt)	kontrollieren (vt)	[kɔntʀɔ'liːʀən]
convidar (vt)	einladen (vt)	['aɪnˌlaːdən]
correr (vi)	laufen (vi)	['laʊfən]
criar (vt)	schaffen (vt)	['ʃafən]
custar (vt)	kosten (vt)	['kɔstən]

11. Os verbos mais importantes. Parte 2

dar (vt)	geben (vt)	['geːbən]
dar uma dica	andeuten (vt)	['anˌdɔɪtən]
decorar (enfeitar)	schmücken (vt)	['ʃmʏkən]
defender (vt)	verteidigen (vt)	[fɛɐ̯'taɪdɪgən]
deixar cair (vt)	fallen lassen	['falən 'lasən]

descer (para baixo)	herabsteigen (vi)	[hɛ'ʀapˌʃtaɪgən]
desculpar-se (vr)	sich entschuldigen	[zɪç ɛnt'ʃʊldɪgən]
dirigir (~ uma empresa)	leiten (vt)	['laɪtən]
discutir (notícias, etc.)	besprechen (vt)	[bə'ʃpʀɛçən]

disparar, atirar (vi)	schießen (vi)	['ʃiːsən]
dizer (vt)	sagen (vt)	['zaːgən]
duvidar (vt)	zweifeln (vi)	['tsvaɪfəln]
encontrar (achar)	finden (vt)	['fɪndən]
enganar (vt)	täuschen (vt)	['tɔɪʃən]

entender (vt)	verstehen (vt)	[fɛɐ̯'ʃteːən]
entrar (na sala, etc.)	hereinkommen (vi)	[hɛ'ʀaɪnˌkɔmən]
enviar (uma carta)	abschicken (vt)	['apˌʃɪkən]
errar (enganar-se)	sich irren	[zɪç 'ɪʀən]
escolher (vt)	wählen (vt)	['vɛːlən]

esconder (vt)	verstecken (vt)	[fɛɐ̯'ʃtɛkən]
escrever (vt)	schreiben (vi, vt)	['ʃʀaɪbən]
esperar (aguardar)	warten (vi)	['vaʁtən]
esperar (ter esperança)	hoffen (vi)	['hɔfən]
esquecer (vt)	vergessen (vt)	[fɛɐ̯'gɛsən]

estudar (vt)	lernen (vt)	['lɛʁnən]
exigir (vt)	verlangen (vt)	[fɛɐ̯'laŋən]
existir (vi)	existieren (vi)	[ˌɛksɪs'tiːʀən]
explicar (vt)	erklären (vt)	[ɛɐ̯'klɛːʀən]

falar (vi)	sprechen (vi)	['ʃpʀɛçən]
faltar (a la escuela, etc.)	versäumen (vt)	[fɛɐ'zɔɪmən]
fazer (vt)	machen (vt)	['maxən]
ficar em silêncio	schweigen (vi)	['ʃvaɪgən]
gabar-se (vr)	prahlen (vi)	['pʀa:lən]
gostar (apreciar)	gefallen (vi)	[gə'falən]
gritar (vi)	schreien (vi)	['ʃʀaɪən]
guardar (fotos, etc.)	aufbewahren (vt)	['aʊfbə‚va:ʀən]
informar (vt)	informieren (vt)	[ɪnfɔʁ'mi:ʀən]
insistir (vi)	bestehen auf	[bə'ʃte:ən aʊf]
insultar (vt)	kränken (vt)	['kʀɛŋkən]
interessar-se (vr)	sich interessieren	[zɪç ɪntəʀɛ'si:ʀən]
ir (a pé)	gehen (vi)	['ge:ən]
ir nadar	schwimmen gehen	['ʃvɪmən 'ge:ən]
jantar (vi)	zu Abend essen	[tsu 'a:bənt 'ɛsən]

12. Os verbos mais importantes. Parte 3

ler (vt)	lesen (vi, vt)	['le:zən]
libertar, liberar (vt)	befreien (vt)	[bə'fʀaɪən]
matar (vt)	ermorden (vt)	[ɛɐ'mɔʁdən]
mencionar (vt)	erwähnen (vt)	[ɛɐ'vɛ:nən]
mostrar (vt)	zeigen (vt)	['tsaɪgən]
mudar (modificar)	ändern (vt)	['ɛndɐn]
nadar (vi)	schwimmen (vi)	['ʃvɪmən]
negar-se a ... (vr)	sich weigern	[zɪç 'vaɪgɐn]
objetar (vt)	einwenden (vt)	['aɪn‚vɛndən]
observar (vt)	beobachten (vt)	[bə'ʔo:baxtən]
ordenar (mil.)	befehlen (vt)	[‚bə'fe:lən]
ouvir (vt)	hören (vt)	['hø:ʀən]
pagar (vt)	zahlen (vt)	['tsa:lən]
parar (vi)	stoppen (vt)	['ʃtɔpən]
parar, cessar (vt)	einstellen (vt)	['aɪnʃtɛlən]
participar (vi)	teilnehmen (vi)	['taɪl‚ne:mən]
pedir (comida, etc.)	bestellen (vt)	[bə'ʃtɛlən]
pedir (um favor, etc.)	bitten (vt)	['bɪtən]
pegar (tomar)	nehmen (vt)	['ne:mən]
pegar (uma bola)	fangen (vt)	['faŋən]
pensar (vi, vt)	denken (vi, vt)	['dɛŋkən]
perceber (ver)	bemerken (vt)	[bə'mɛʁkən]
perdoar (vt)	verzeihen (vt)	[fɛɐ'tsaɪən]
perguntar (vt)	fragen (vt)	['fʀa:gən]
permitir (vt)	erlauben (vt)	[ɛɐ'laʊbən]
pertencer a ... (vi)	gehören (vi)	[gə'hø:ʀən]
planejar (vt)	planen (vt)	['pla:nən]
poder (~ fazer algo)	können (v mod)	['kœnən]
possuir (uma casa, etc.)	besitzen (vt)	[bə'zɪtsən]

preferir (vt)	vorziehen (vt)	['foɐ̯ˌtsiːən]
preparar (vt)	zubereiten (vt)	['tsuːbəˌʀaɪtən]
prever (vt)	voraussehen (vt)	[fo'ʀaʊsˌzeːən]
prometer (vt)	versprechen (vt)	[fɛɐ'ʃpʀɛçən]
pronunciar (vt)	aussprechen (vt)	['aʊsˌʃpʀɛçən]

propor (vt)	vorschlagen (vt)	['foːɐ̯ʃlaːgən]
punir (castigar)	bestrafen (vt)	[bə'ʃtʀaːfən]
quebrar (vt)	brechen (vt)	['bʀɛçən]
queixar-se de ...	klagen (vi)	['klaːgən]
querer (desejar)	wollen (vt)	['vɔlən]

13. Os verbos mais importantes. Parte 4

ralhar, repreender (vt)	schelten (vt)	['ʃɛltən]
recomendar (vt)	empfehlen (vt)	[ɛm'pfeːlən]
repetir (dizer outra vez)	noch einmal sagen	[nɔx 'aɪnmaːl 'zaːgən]
reservar (~ um quarto)	reservieren (vt)	[ʀezɛɐ'viːʀən]
responder (vt)	antworten (vi)	['antˌvɔɐtən]

rezar, orar (vi)	beten (vi)	['beːtən]
rir (vi)	lachen (vi)	['laxən]
roubar (vt)	stehlen (vt)	['ʃteːlən]
saber (vt)	wissen (vt)	['vɪsən]
sair (~ de casa)	ausgehen (vi)	['aʊsˌgeːən]

salvar (resgatar)	retten (vt)	['ʀɛtən]
seguir (~ alguém)	folgen (vi)	['fɔlgən]
sentar-se (vr)	sich setzen	[zɪç 'zɛtsən]
ser necessário	nötig sein	['nøːtɪç zaɪn]

ser, estar	sein (vi)	[zaɪn]
significar (vt)	bedeuten (vt)	[bə'dɔɪtən]
sorrir (vi)	lächeln (vi)	['lɛçəln]
subestimar (vt)	unterschätzen (vt)	[ˌʊntɐ'ʃɛtsən]
surpreender-se (vr)	staunen (vi)	['ʃtaunən]

tentar (~ fazer)	versuchen (vt)	[fɛɐ'zuːxən]
ter (vt)	haben (vt)	['haːbən]
ter fome	hungrig sein	['hʊŋʀɪç zaɪn]

ter medo	Angst haben	['aŋst 'haːbən]
ter sede	Durst haben	['dʊɐst 'haːbən]
tocar (com as mãos)	berühren (vt)	[bə'ʀyːʀən]
tomar café da manhã	frühstücken (vi)	['fʀyːʃtʏkən]

| trabalhar (vi) | arbeiten (vi) | ['aɐbaɪtən] |
| traduzir (vt) | übersetzen (vt) | [ˌyːbɐ'zɛtsən] |

unir (vt)	vereinigen (vt)	[fɛɐ'ʔaɪnɪgən]
vender (vt)	verkaufen (vt)	[fɛɐ'kaufən]
ver (vt)	sehen (vi, vt)	['zeːən]
virar (~ para a direita)	abbiegen (vi)	['apˌbiːgən]
voar (vi)	fliegen (vi)	['fliːgən]

14. Cores

cor (f)	Farbe (f)	['faʁbə]
tom (m)	Schattierung (f)	[ʃa'tiːʁʊŋ]
tonalidade (m)	Farbton (m)	['faʁpˌtoːn]
arco-íris (m)	Regenbogen (m)	['ʁeːgənˌboːgən]
branco (adj)	weiß	[vaɪs]
preto (adj)	schwarz	[ʃvaʁts]
cinza (adj)	grau	[gʁaʊ]
verde (adj)	grün	[gʁyːn]
amarelo (adj)	gelb	[gɛlp]
vermelho (adj)	rot	[ʁoːt]
azul (adj)	blau	[blaʊ]
azul claro (adj)	hellblau	['hɛlˌblaʊ]
rosa (adj)	rosa	['ʁoːza]
laranja (adj)	orange	[o'ʁaŋʃ]
violeta (adj)	violett	[vɪo'lɛt]
marrom (adj)	braun	[bʁaʊn]
dourado (adj)	golden	['gɔldən]
prateado (adj)	silbrig	['zɪlbʁɪç]
bege (adj)	beige	[beːʃ]
creme (adj)	cremefarben	['kʁɛːmˌfaʁbən]
turquesa (adj)	türkis	[tyʁ'kiːs]
vermelho cereja (adj)	kirschrot	['kɪʁʃʁoːt]
lilás (adj)	lila	['liːla]
carmim (adj)	himbeerrot	['hɪmbeːɐ̯ˌʁoːt]
claro (adj)	hell	[hɛl]
escuro (adj)	dunkel	['dʊŋkəl]
vivo (adj)	grell	[gʁɛl]
de cor	Farb-	['faʁp]
a cores	Farb-	['faʁp]
preto e branco (adj)	schwarz-weiß	['ʃvaʁtsˌvaɪs]
unicolor (de uma só cor)	einfarbig	['aɪnˌfaʁbɪç]
multicolor (adj)	bunt	[bʊnt]

15. Questões

Quem?	Wer?	[veːɐ]
O que?	Was?	[vas]
Onde?	Wo?	[voː]
Para onde?	Wohin?	[vo'hɪn]
De onde?	Woher?	[vo'heːɐ]
Quando?	Wann?	[van]
Para quê?	Wozu?	[vo'tsuː]
Por quê?	Warum?	[va'ʁʊm]
Para quê?	Wofür?	[vo'fyːɐ]

Como?	Wie?	[vi:]
Qual (~ é o problema?)	Welcher?	['vɛlçɐ]
Qual (~ deles?)	Welcher?	['vɛlçɐ]

A quem?	Wem?	[ve:m]
De quem?	Über wen?	['y:bɐ ve:n]
Do quê?	Wovon?	[vo:'fɔn]
Com quem?	Mit wem?	[mɪt ve:m]

Quantos? -as?	Wie viele?	[vi: 'fi:lə]
Quanto?	Wie viel?	['vi: fi:l]
De quem? (masc.)	Wessen?	['vɛsən]

16. Preposições

com (prep.)	mit	[mɪt]
sem (prep.)	ohne	['o:nə]
a, para (exprime lugar)	nach	[na:χ]
sobre (ex. falar ~)	über	['y:bɐ]
antes de ...	vor	[fo:ɐ]
em frente de ...	vor	[fo:ɐ]

debaixo de ...	unter	['ʊntɐ]
sobre (em cima de)	über	['y:bɐ]
em ..., sobre ...	auf	[aʊf]
de, do (sou ~ Rio de Janeiro)	aus	['aʊs]
de (feito ~ pedra)	aus, von	['aʊs], [fɔn]

| em (~ 3 dias) | in | [ɪn] |
| por cima de ... | über | ['y:bɐ] |

17. Palavras funcionais. Advérbios. Parte 1

Onde?	Wo?	[vo:]
aqui	hier	[hi:ɐ]
lá, ali	dort	[dɔʁt]

| em algum lugar | irgendwo | ['ɪʁgənt'vo:] |
| em lugar nenhum | nirgends | ['nɪʁgənts] |

| perto de ... | an | [an] |
| perto da janela | am Fenster | [am 'fɛnstɐ] |

Para onde?	Wohin?	[vo'hɪn]
aqui	hierher	['hi:ɐ'he:ɐ]
para lá	dahin	[da'hɪn]
daqui	von hier	[fɔn hi:ɐ]
de lá, dali	von da	[fɔn da:]

perto	nah	[na:]
longe	weit	[vaɪt]
perto de ...	in der Nähe von ...	[ɪn de:ɐ 'nɛ:ə fɔn]

| à mão, perto | in der Nähe | [ɪn deːɐ 'nɛːə] |
| não fica longe | unweit | ['ʊnvaɪt] |

esquerdo (adj)	link	[lɪŋk]
à esquerda	links	[lɪŋks]
para a esquerda	nach links	[naːχ lɪŋks]

direito (adj)	recht	[ʀɛçt]
à direita	rechts	[ʀɛçts]
para a direita	nach rechts	[naːχ ʀɛçts]

em frente	vorne	['fɔʁnə]
da frente	Vorder-	['fɔʁdɐ]
adiante (para a frente)	vorwärts	['foːɐvɛʁts]

atrás de …	hinten	['hɪntən]
de trás	von hinten	[fɔn 'hɪntən]
para trás	rückwärts	['ʀʏkˌvɛʁts]

| meio (m), metade (f) | Mitte (f) | ['mɪtə] |
| no meio | in der Mitte | [ɪn deːɐ 'mɪtə] |

do lado	seitlich	['zaɪtlɪç]
em todo lugar	überall	[yːbɐ'ʔal]
por todos os lados	ringsherum	[ˌʀɪŋshɛ'ʀʊm]

de dentro	von innen	[fɔn 'ɪnən]
para algum lugar	irgendwohin	['ɪʁgənt·vo'hɪn]
diretamente	geradeaus	[gəʀaːdə'ʔaʊs]
de volta	zurück	[tsu'ʀʏk]

| de algum lugar | irgendwoher | ['ɪʁgənt·vo'heːɐ] |
| de algum lugar | von irgendwo | [fɔn ˌɪʁgənt'voː] |

em primeiro lugar	erstens	['eːɐstəns]
em segundo lugar	zweitens	['tsvaɪtəns]
em terceiro lugar	drittens	['dʀɪtəns]

de repente	plötzlich	['plœtslɪç]
no início	zuerst	[tsu'ʔeːɐst]
pela primeira vez	zum ersten Mal	[tsʊm 'eːɐstən 'maːl]
muito antes de …	lange vor …	['laŋə foːɐ]
de novo	von Anfang an	[fɔn 'anˌfaŋ an]
para sempre	für immer	[fyːɐ 'ɪmɐ]

nunca	nie	[niː]
de novo	wieder	['viːdɐ]
agora	jetzt	[jɛtst]
frequentemente	oft	[ɔft]
então	damals	['daːmaːls]
urgentemente	dringend	['dʀɪŋənt]
normalmente	gewöhnlich	[gə'vøːnlɪç]

a propósito, …	übrigens, …	['yːbʀɪgəns]
é possível	möglicherweise	['møːklɪçɐ'vaɪzə]
provavelmente	wahrscheinlich	[va:ɐ'ʃaɪnlɪç]

talvez	vielleicht	[fi'laɪçt]
além disso, ...	außerdem ...	['aʊsɐdeːm]
por isso ...	deshalb ...	['dɛs'halp]
apesar de ...	trotz ...	[tʀɔts]
graças a ...	dank ...	[daŋk]

que (pron.)	was	[vas]
que (conj.)	das	[das]
algo	etwas	['ɛtvas]
alguma coisa	irgendwas	['ɪʀgənt'vas]
nada	nichts	[nɪçts]

quem	wer	[veːɐ]
alguém (~ que ...)	jemand	['jeːmant]
alguém (com ~)	irgendwer	['ɪʀgənt'veːɐ]

ninguém	niemand	['niːmant]
para lugar nenhum	nirgends	['nɪʀgənts]
de ninguém	niemandes	['niːmandəs]
de alguém	jemandes	['jeːmandəs]

tão	so	[zoː]
também (gostaria ~ de ...)	auch	['aʊχ]
também (~ eu)	ebenfalls	['eːbənˌfals]

18. Palavras funcionais. Advérbios. Parte 2

Por quê?	Warum?	[va'ʀʊm]
por alguma razão	aus irgendeinem Grund	['aʊs 'ɪʀgənt'ʔaɪnəm gʀʊnt]
porque ...	weil ...	[vaɪl]
por qualquer razão	zu irgendeinem Zweck	[tsu 'ɪʀgənt'ʔaɪnəm tsvɛk]

e (tu ~ eu)	und	[ʊnt]
ou (ser ~ não ser)	oder	['oːdɐ]
mas (porém)	aber	['aːbɐ]
para (~ a minha mãe)	für	[fyːɐ]

muito, demais	zu	[tsuː]
só, somente	nur	[nuːɐ]
exatamente	genau	[gə'naʊ]
cerca de (~ 10 kg)	etwa	['ɛtva]

aproximadamente	ungefähr	['ʊngəfɛːɐ]
aproximado (adj)	ungefähr	['ʊngəfɛːɐ]
quase	fast	[fast]
resto (m)	Übrige (n)	['yːbʀɪgə]

o outro (segundo)	der andere	[deːɐ 'andəʀə]
outro (adj)	andere	['andəʀə]
cada (adj)	jeder (m)	['jeːdɐ]
qualquer (adj)	beliebig	[bɛ'liːbɪç]
muito, muitos, muitas	viel	[fiːl]
muitas pessoas	viele Menschen	['fiːlə 'mɛnʃən]

todos	alle	['alə]
em troca de ...	im Austausch gegen ...	[ɪm 'aʊsˌtaʊʃ 'geːgən]
em troca	dafür	[da'fyːɐ]
à mão	mit der Hand	[mɪt deːɐ hant]
pouco provável	schwerlich	['ʃveːɐlɪç]

provavelmente	wahrscheinlich	[vaːɐ'ʃaɪnlɪç]
de propósito	absichtlich	['apˌzɪçtlɪç]
por acidente	zufällig	['tsuːfɛlɪç]

muito	sehr	[zeːɐ]
por exemplo	zum Beispiel	[tsʊm 'baɪ ʃpiːl]
entre	zwischen	['tsvɪʃən]
entre (no meio de)	unter	['ʊntɐ]
tanto	so viel	[zoː 'fiːl]
especialmente	besonders	[bə'zɔndɐs]

Conceitos básicos. Parte 2

19. Dias da semana

segunda-feira (f)	Montag (m)	['mo:nta:k]
terça-feira (f)	Dienstag (m)	['di:nsta:k]
quarta-feira (f)	Mittwoch (m)	['mɪtvɔχ]
quinta-feira (f)	Donnerstag (m)	['donɐsta:k]
sexta-feira (f)	Freitag (m)	['fʁaɪta:k]
sábado (m)	Samstag (m)	['zamsta:k]
domingo (m)	Sonntag (m)	['zɔnta:k]
hoje	heute	['hɔɪtə]
amanhã	morgen	['mɔʁgən]
depois de amanhã	übermorgen	['y:bɐˌmɔʁgən]
ontem	gestern	['gɛstɐn]
anteontem	vorgestern	['fo:ɐgɛstɐn]
dia (m)	Tag (m)	[ta:k]
dia (m) de trabalho	Arbeitstag (m)	['aʁbaɪtsˌta:k]
feriado (m)	Feiertag (m)	['faɪɐˌta:k]
dia (m) de folga	freier Tag (m)	['fʁaɪɐ ta:k]
fim (m) de semana	Wochenende (n)	['vɔχənˌʔɛndə]
o dia todo	den ganzen Tag	[den 'gantsən 'ta:k]
no dia seguinte	am nächsten Tag	[am 'nɛ:çstən ta:k]
há dois dias	zwei Tage vorher	[tsvaɪ 'ta:gə 'fo:ɐheːɐ]
na véspera	am Vortag	[am 'fo:ɐˌta:k]
diário (adj)	täglich	['tɛ:klɪç]
todos os dias	täglich	['tɛ:klɪç]
semana (f)	Woche (f)	['vɔχə]
na semana passada	letzte Woche	['lɛtstə 'vɔχə]
semana que vem	nächste Woche	['nɛ:çstə 'vɔχə]
semanal (adj)	wöchentlich	['vœçəntlɪç]
toda semana	wöchentlich	['vœçəntlɪç]
duas vezes por semana	zweimal pro Woche	['tsvaɪma:l pʁo 'vɔχə]
toda terça-feira	jeden Dienstag	['je:dən 'di:nsta:k]

20. Horas. Dia e noite

manhã (f)	Morgen (m)	['mɔʁgən]
de manhã	morgens	['mɔʁgəns]
meio-dia (m)	Mittag (m)	['mɪta:k]
à tarde	nachmittags	['na:χmɪˌta:ks]
tardinha (f)	Abend (m)	['a:bənt]
à tardinha	abends	['a:bənts]

noite (f)	Nacht (f)	[naχt]
à noite	nachts	[naχts]
meia-noite (f)	Mitternacht (f)	['mɪtɐˌnaχt]

segundo (m)	Sekunde (f)	[ze'kʊndə]
minuto (m)	Minute (f)	[mi'nu:tə]
hora (f)	Stunde (f)	['ʃtʊndə]
meia hora (f)	eine halbe Stunde	['aɪnə 'halbə 'ʃtʊndə]
quarto (m) de hora	Viertelstunde (f)	['fɪʁtəlˌʃtʊndə]
quinze minutos	fünfzehn Minuten	['fʏnftse:n mi'nu:tən]
vinte e quatro horas	Tag und Nacht	['ta:k ʊnt 'naχt]

nascer (m) do sol	Sonnenaufgang (m)	['zɔnənˌʔaʊfɡaŋ]
amanhecer (m)	Morgendämmerung (f)	['mɔʁɡənˌdɛmərʊŋ]
madrugada (f)	früher Morgen (m)	['fʁy:ɐ 'mɔʁɡən]
pôr-do-sol (m)	Sonnenuntergang (m)	['zɔnənˌʔʊntɐɡaŋ]

de madrugada	früh am Morgen	[fʁy: am 'mɔʁɡən]
esta manhã	heute morgen	['hɔɪtə 'mɔʁɡən]
amanhã de manhã	morgen früh	['mɔʁɡən fʁy:]

esta tarde	heute Mittag	['hɔɪtə 'mɪta:k]
à tarde	nachmittags	['na:χmɪˌta:ks]
amanhã à tarde	morgen Nachmittag	['mɔʁɡən 'na:χmɪˌta:k]

| esta noite, hoje à noite | heute Abend | ['hɔɪtə 'a:bənt] |
| amanhã à noite | morgen Abend | ['mɔʁɡən 'a:bənt] |

às três horas em ponto	Punkt drei Uhr	[pʊŋkt dʁaɪ u:ɐ]
por volta das quatro	gegen vier Uhr	['ge:gn fi:ɐ u:ɐ]
às doze	um zwölf Uhr	[ʊm tsvœlf u:ɐ]

em vinte minutos	in zwanzig Minuten	[ɪn 'tsvantsɪç mi'nu:tən]
em uma hora	in einer Stunde	[ɪn 'aɪnɐ 'ʃtʊndə]
a tempo	rechtzeitig	['ʁɛçtˌtsaɪtɪç]

... um quarto para	Viertel vor ...	['fɪʁtəl fo:ɐ]
dentro de uma hora	innerhalb einer Stunde	['ɪnɐhalp 'aɪnɐ 'ʃtʊndə]
a cada quinze minutos	alle fünfzehn Minuten	['alə 'fʏnftse:n mi'nu:tən]
as vinte e quatro horas	Tag und Nacht	['ta:k ʊnt 'naχt]

21. Meses. Estações

janeiro (m)	Januar (m)	['janua:ɐ]
fevereiro (m)	Februar (m)	['fe:bʁua:ɐ]
março (m)	März (m)	[mɛʁts]
abril (m)	April (m)	[a'pʁɪl]
maio (m)	Mai (m)	[maɪ]
junho (m)	Juni (m)	['ju:ni]

julho (m)	Juli (m)	['ju:li]
agosto (m)	August (m)	[aʊ'gʊst]
setembro (m)	September (m)	[zɛp'tɛmbɐ]
outubro (m)	Oktober (m)	[ɔk'to:bɐ]

novembro (m)	November (m)	[no'vɛmbɐ]
dezembro (m)	Dezember (m)	[de'tsɛmbɐ]
primavera (f)	Frühling (m)	['fʀyːlɪŋ]
na primavera	im Frühling	[ɪm 'fʀyːlɪŋ]
primaveril (adj)	Frühlings-	['fʀyːlɪŋs]
verão (m)	Sommer (m)	['zɔmɐ]
no verão	im Sommer	[ɪm 'zɔmɐ]
de verão	Sommer-	['zɔmɐ]
outono (m)	Herbst (m)	[hɛʁpst]
no outono	im Herbst	[ɪm hɛʁpst]
outonal (adj)	Herbst-	[hɛʁpst]
inverno (m)	Winter (m)	['vɪntɐ]
no inverno	im Winter	[ɪm 'vɪntɐ]
de inverno	Winter-	['vɪntɐ]
mês (m)	Monat (m)	['moːnat]
este mês	in diesem Monat	[ɪn 'diːzəm 'moːnat]
mês que vem	nächsten Monat	['nɛːçstən 'moːnat]
no mês passado	letzten Monat	['lɛtstən 'moːnat]
um mês atrás	vor einem Monat	[foːɐ 'aɪnəm 'moːnat]
em um mês	über eine Monat	['yːbɐ 'aɪnə 'moːnat]
em dois meses	in zwei Monaten	[ɪn tsvaɪ 'moːnatən]
todo o mês	einen ganzen Monat	['aɪnən 'gantsən 'moːnat]
um mês inteiro	den ganzen Monat	[deːn 'gantsən 'moːnat]
mensal (adj)	monatlich	['moːnatlɪç]
mensalmente	monatlich	['moːnatlɪç]
todo mês	jeden Monat	['jeːdən 'moːnat]
duas vezes por mês	zweimal pro Monat	['tsvaɪmaːl pʀɔ 'moːnat]
ano (m)	Jahr (n)	[jaːɐ]
este ano	dieses Jahr	['diːzəs jaːɐ]
ano que vem	nächstes Jahr	['nɛːçstəs jaːɐ]
no ano passado	voriges Jahr	['foːʀɪgəs jaːɐ]
há um ano	vor einem Jahr	[foːɐ 'aɪnəm jaːɐ]
em um ano	in einem Jahr	[ɪn 'aɪnəm jaːɐ]
dentro de dois anos	in zwei Jahren	[ɪn tsvaɪ 'jaːʀən]
todo o ano	ein ganzes Jahr	[aɪn 'gantsəs jaːɐ]
um ano inteiro	das ganze Jahr	[das 'gantsə jaːɐ]
cada ano	jedes Jahr	['jeːdəs jaːɐ]
anual (adj)	jährlich	['jɛːɐlɪç]
anualmente	jährlich	['jɛːɐlɪç]
quatro vezes por ano	viermal pro Jahr	['fiːɐmaːl pʀɔ jaːɐ]
data (~ de hoje)	Datum (n)	['daːtʊm]
data (ex. ~ de nascimento)	Datum (n)	['daːtʊm]
calendário (m)	Kalender (m)	[ka'lɛndɐ]
meio ano	ein halbes Jahr	[aɪn 'halbəs jaːɐ]
seis meses	Halbjahr (n)	['halpˌjaːɐ]

| estação (f) | Saison (f) | [zɛ'zɔŋ] |
| século (m) | Jahrhundert (n) | [ja:ɐ'hʊndɐt] |

22. Unidades de medida

peso (m)	Gewicht (n)	[gə'vɪçt]
comprimento (m)	Länge (f)	['lɛŋə]
largura (f)	Breite (f)	['bʀaɪtə]
altura (f)	Höhe (f)	['hø:ə]
profundidade (f)	Tiefe (f)	['ti:fə]
volume (m)	Volumen (n)	[vo'lu:mən]
área (f)	Fläche (f)	['flɛçə]

grama (m)	Gramm (n)	[gʀam]
miligrama (m)	Milligramm (n)	['mɪli‚gʀam]
quilograma (m)	Kilo (n)	['ki:lo]
tonelada (f)	Tonne (f)	['tɔnə]
libra (453,6 gramas)	Pfund (n)	[pfʊnt]
onça (f)	Unze (f)	['ʊntsə]

metro (m)	Meter (m, n)	['me:tɐ]
milímetro (m)	Millimeter (m)	['mɪli‚me:tɐ]
centímetro (m)	Zentimeter (m, n)	[‚tsɛnti'me:tɐ]
quilômetro (m)	Kilometer (m)	[‚kilo'me:tɐ]
milha (f)	Meile (f)	['maɪlə]

polegada (f)	Zoll (m)	[tsɔl]
pé (304,74 mm)	Fuß (m)	[fu:s]
jarda (914,383 mm)	Yard (n)	[ja:ɐt]

| metro (m) quadrado | Quadratmeter (m) | [kva'dʀa:t‚me:tɐ] |
| hectare (m) | Hektar (n) | ['hɛkta:ɐ] |

litro (m)	Liter (m, n)	['li:tɐ]
grau (m)	Grad (m)	[gʀa:t]
volt (m)	Volt (n)	[vɔlt]
ampère (m)	Ampere (n)	[am'pɛ:ɐ]
cavalo (m) de potência	Pferdestärke (f)	['pfe:ɐdəʃtɛʀkə]

quantidade (f)	Anzahl (f)	['antsa:l]
um pouco de ...	etwas ...	['ɛtvas]
metade (f)	Hälfte (f)	['hɛlftə]

| dúzia (f) | Dutzend (n) | ['dʊtsənt] |
| peça (f) | Stück (n) | [ʃtʏk] |

| tamanho (m), dimensão (f) | Größe (f) | ['gʀø:sə] |
| escala (f) | Maßstab (m) | ['ma:sʃta:p] |

mínimo (adj)	minimal	[mini'ma:l]
menor, mais pequeno	der kleinste	[de:ɐ 'klaɪnstə]
médio (adj)	mittler, mittel-	['mɪtlɐ], ['mɪtəl]
máximo (adj)	maximal	[maksi'ma:l]
maior, mais grande	der größte	[de:ɐ 'gʀø:stə]

23. Recipientes

pote (m) de vidro	Glas (n)	[glaːs]
lata (~ de cerveja)	Dose (f)	['doːzə]
balde (m)	Eimer (m)	['aɪmɐ]
barril (m)	Fass (n), Tonne (f)	[fas], ['tɔnə]
bacia (~ de plástico)	Waschschüssel (n)	['vaʃˌʃʏsəl]
tanque (m)	Tank (m)	[taŋk]
cantil (m) de bolso	Flachmann (m)	['flaxman]
galão (m) de gasolina	Kanister (m)	[ka'nɪstɐ]
cisterna (f)	Zisterne (f)	[tsɪs'tɛʁnə]
caneca (f)	Kaffeebecher (m)	['kafeˌbɛçɐ]
xícara (f)	Tasse (f)	['tasə]
pires (m)	Untertasse (f)	['ʊntɐˌtasə]
copo (m)	Wasserglas (n)	['vasɐˌglaːs]
taça (f) de vinho	Weinglas (n)	['vaɪnˌglaːs]
panela (f)	Kochtopf (m)	['kɔxˌtɔpf]
garrafa (f)	Flasche (f)	['flaʃə]
gargalo (m)	Flaschenhals (m)	['flaʃənˌhals]
jarra (f)	Karaffe (f)	[ka'ʁafə]
jarro (m)	Tonkrug (m)	['toːnˌkʁuːk]
recipiente (m)	Gefäß (n)	[gə'fɛːs]
pote (m)	Tontopf (m)	['toːnˌtɔpf]
vaso (m)	Vase (f)	['vaːzə]
frasco (~ de perfume)	Flakon (n)	[fla'kɔn]
frasquinho (m)	Fläschchen (n)	['flɛʃçən]
tubo (m)	Tube (f)	['tuːbə]
saco (ex. ~ de açúcar)	Sack (m)	[zak]
sacola (~ plastica)	Tüte (f)	['tyːtə]
maço (de cigarros, etc.)	Schachtel (f)	['ʃaxtəl]
caixa (~ de sapatos, etc.)	Karton (m)	[kaʁ'tɔn]
caixote (~ de madeira)	Kiste (f)	['kɪstə]
cesto (m)	Korb (m)	[kɔʁp]

O SER HUMANO

O ser humano. O corpo

24. Cabeça

cabeça (f)	Kopf (m)	[kɔpf]
rosto, cara (f)	Gesicht (n)	[gə'zɪçt]
nariz (m)	Nase (f)	['na:zə]
boca (f)	Mund (m)	[mʊnt]
olho (m)	Auge (n)	['aʊgə]
olhos (m pl)	Augen (pl)	['aʊgən]
pupila (f)	Pupille (f)	[pu'pɪlə]
sobrancelha (f)	Augenbraue (f)	['aʊgən‿bʀaʊə]
cílio (f)	Wimper (f)	['vɪmpɐ]
pálpebra (f)	Augenlid (n)	['aʊgən‿li:t]
língua (f)	Zunge (f)	['tsʊŋə]
dente (m)	Zahn (m)	[tsa:n]
lábios (m pl)	Lippen (pl)	['lɪpən]
maçãs (f pl) do rosto	Backenknochen (pl)	['bakən‿knɔχən]
gengiva (f)	Zahnfleisch (n)	['tsa:n‿flaɪʃ]
palato (m)	Gaumen (m)	['gaʊmən]
narinas (f pl)	Nasenlöcher (pl)	['na:zən‿lœçɐ]
queixo (m)	Kinn (n)	[kɪn]
mandíbula (f)	Kiefer (m)	['ki:fɐ]
bochecha (f)	Wange (f)	['vaŋə]
testa (f)	Stirn (f)	[ʃtɪʀn]
têmpora (f)	Schläfe (f)	['ʃlɛ:fə]
orelha (f)	Ohr (n)	[o:ɐ]
costas (f pl) da cabeça	Nacken (m)	['nakən]
pescoço (m)	Hals (m)	[hals]
garganta (f)	Kehle (f)	['ke:lə]
cabelo (m)	Haare (pl)	['ha:ʀə]
penteado (m)	Frisur (f)	[ˌfʀi'zu:ɐ]
corte (m) de cabelo	Haarschnitt (m)	['ha:ɐ‿ʃnɪt]
peruca (f)	Perücke (f)	[pe'ʀʏkə]
bigode (m)	Schnurrbart (m)	['ʃnʊɐ‿ba:ɐt]
barba (f)	Bart (m)	[ba:ɐt]
ter (~ barba, etc.)	haben (vt)	[ha:bən]
trança (f)	Zopf (m)	[tsɔpf]
suíças (f pl)	Backenbart (m)	['bakən‿ba:ɐt]
ruivo (adj)	rothaarig	['ʀo:t‿ha:ʀɪç]
grisalho (adj)	grau	[gʀaʊ]

| careca (adj) | kahl | [ka:l] |
| calva (f) | Glatze (f) | ['glatsə] |

| rabo-de-cavalo (m) | Pferdeschwanz (m) | ['pfe:ɐdəʃvants] |
| franja (f) | Pony (m) | ['pɔni] |

25. Corpo humano

| mão (f) | Hand (f) | [hant] |
| braço (m) | Arm (m) | [aʁm] |

dedo (m)	Finger (m)	['fɪŋɐ]
dedo (m) do pé	Zehe (f)	['tseːə]
polegar (m)	Daumen (m)	['daʊmən]
dedo (m) mindinho	kleiner Finger (m)	['klaɪnɐ 'fɪŋɐ]
unha (f)	Nagel (m)	['na:gəl]

punho (m)	Faust (f)	[faʊst]
palma (f)	Handfläche (f)	['hant·ˌflɛçə]
pulso (m)	Handgelenk (n)	['hant·gəˌlɛŋk]
antebraço (m)	Unterarm (m)	['ʊntɐˌʔaʁm]
cotovelo (m)	Ellbogen (m)	['ɛlˌboːgən]
ombro (m)	Schulter (f)	['ʃʊltɐ]

perna (f)	Bein (n)	[baɪn]
pé (m)	Fuß (m)	[fu:s]
joelho (m)	Knie (n)	[kni:]
panturrilha (f)	Wade (f)	['va:də]
quadril (m)	Hüfte (f)	['hʏftə]
calcanhar (m)	Ferse (f)	['fɛʁzə]

corpo (m)	Körper (m)	['kœʁpɐ]
barriga (f), ventre (m)	Bauch (m)	['baʊχ]
peito (m)	Brust (f)	[bʁʊst]
seio (m)	Busen (m)	['bu:zən]
lado (m)	Seite (f), Flanke (f)	['zaɪtə], ['flaŋkə]
costas (dorso)	Rücken (m)	['ʁʏkən]
região (f) lombar	Kreuz (n)	[kʁɔɪts]
cintura (f)	Taille (f)	['taljə]

umbigo (m)	Nabel (m)	['na:bəl]
nádegas (f pl)	Gesäßbacken (pl)	[gə'zɛːsˈbakən]
traseiro (m)	Hinterteil (n)	['hɪntɐˌtaɪl]

sinal (m), pinta (f)	Leberfleck (m)	['le:bɐˌflɛk]
sinal (m) de nascença	Muttermal (n)	['mu:tɐˌma:l]
tatuagem (f)	Tätowierung (f)	[tɛto'vi:ʁʊŋ]
cicatriz (f)	Narbe (f)	['naʁbə]

Vestuário & Acessórios

26. Roupa exterior. Casacos

roupa (f)	Kleidung (f)	['klaɪdʊŋ]
roupa (f) exterior	Oberkleidung (f)	['o:bɐˌklaɪdʊŋ]
roupa (f) de inverno	Winterkleidung (f)	['vɪntɐˌklaɪdʊŋ]
sobretudo (m)	Mantel (m)	['mantəl]
casaco (m) de pele	Pelzmantel (m)	['pɛltsˌmantəl]
jaqueta (f) de pele	Pelzjacke (f)	['pɛltsˌjakə]
casaco (m) acolchoado	Daunenjacke (f)	['daʊnənˌjakə]
casaco (m), jaqueta (f)	Jacke (f)	['jakə]
impermeável (m)	Regenmantel (m)	['ʀe:gənˌmantəl]
a prova d'água	wasserdicht	['vasɐˌdɪçt]

27. Vestuário de homem & mulher

camisa (f)	Hemd (n)	[hɛmt]
calça (f)	Hose (f)	['ho:zə]
jeans (m)	Jeans (f)	[dʒi:ns]
paletó, terno (m)	Jackett (n)	[ʒa'kɛt]
terno (m)	Anzug (m)	['anˌtsu:k]
vestido (ex. ~ de noiva)	Kleid (n)	[klaɪt]
saia (f)	Rock (m)	[ʀɔk]
blusa (f)	Bluse (f)	['blu:zə]
casaco (m) de malha	Strickjacke (f)	['ʃtʀɪkˌjakə]
casaco, blazer (m)	Jacke (f)	['jakə]
camiseta (f)	T-Shirt (n)	['ti:ˌʃøːɐt]
short (m)	Shorts (pl)	[ʃɔɐts]
training (m)	Sportanzug (m)	['ʃpɔɐtˌantsu:k]
roupão (m) de banho	Bademantel (m)	['ba:dəˌmantəl]
pijama (m)	Schlafanzug (m)	['ʃla:fʔanˌtsu:k]
suéter (m)	Sweater (m)	['swɛtɐ]
pulôver (m)	Pullover (m)	[pʊ'lo:vɐ]
colete (m)	Weste (f)	['vɛstə]
fraque (m)	Frack (m)	[fʀak]
smoking (m)	Smoking (m)	['smo:kɪŋ]
uniforme (m)	Uniform (f)	['ʊniˌfɔɐm]
roupa (f) de trabalho	Arbeitskleidung (f)	['aɐbaɪtsˌklaɪdʊŋ]
macacão (m)	Overall (m)	['o:vəʀal]
jaleco (m), bata (f)	Kittel (m)	['kɪtəl]

28. Vestuário. Roupa interior

roupa (f) íntima	Unterwäsche (f)	['ʊntəˌvɛʃə]
cueca boxer (f)	Herrenslip (m)	['hɛrənˌslɪp]
calcinha (f)	Damenslip (m)	['daːmənˌslɪp]
camiseta (f)	Unterhemd (n)	['ʊntəˌhɛmt]
meias (f pl)	Socken (pl)	['zɔkən]

camisola (f)	Nachthemd (n)	['naχtˌhɛmt]
sutiã (m)	Büstenhalter (m)	['bystənˌhaltɐ]
meias longas (f pl)	Kniestrümpfe (pl)	['kniːˌʃtʀʏmpfə]
meias-calças (f pl)	Strumpfhose (f)	['ʃtʀʊmpfˌhoːzə]
meias (~ de nylon)	Strümpfe (pl)	['ʃtʀʏmpfə]
maiô (m)	Badeanzug (m)	['baːdəˌʔantsuːk]

29. Adereços de cabeça

chapéu (m), touca (f)	Mütze (f)	['mʏtsə]
chapéu (m) de feltro	Filzhut (m)	['fɪltsˌhuːt]
boné (m) de beisebol	Baseballkappe (f)	['bɛɪsbɔːlˌkapə]
boina (~ italiana)	Schiebermütze (f)	['ʃiːbəˌmʏtsə]

boina (ex. ~ basca)	Baskenmütze (f)	['baskənˌmʏtsə]
capuz (m)	Kapuze (f)	[ka'puːtsə]
chapéu panamá (m)	Panamahut (m)	['panamaːˌhuːt]
touca (f)	Strickmütze (f)	['ʃtʀɪkˌmʏtsə]

lenço (m)	Kopftuch (n)	['kɔpfˌtuːχ]
chapéu (m) feminino	Damenhut (m)	['daːmənˌhuːt]

capacete (m) de proteção	Schutzhelm (m)	['ʃʊtsˌhɛlm]
bibico (m)	Feldmütze (f)	['fɛltˌmʏtsə]
capacete (m)	Helm (m)	[hɛlm]

chapéu-coco (m)	Melone (f)	[me'loːnə]
cartola (f)	Zylinder (m)	[tsy'lɪndɐ]

30. Calçado

calçado (m)	Schuhe (pl)	['ʃuːə]
botinas (f pl), sapatos (m pl)	Stiefeletten (pl)	[ʃti:fə'lɛtən]
sapatos (de salto alto, etc.)	Halbschuhe (pl)	['halpˌʃuːə]
botas (f pl)	Stiefel (pl)	['ʃtiːfəl]
pantufas (f pl)	Hausschuhe (pl)	['haʊsˌʃuːə]

tênis (~ Nike, etc.)	Tennisschuhe (pl)	['tɛnɪsˌʃuːə]
tênis (~ Converse)	Leinenschuhe (pl)	['laɪnən·ˌʃuːə]
sandálias (f pl)	Sandalen (pl)	[zan'daːlən]

sapateiro (m)	Schuster (m)	['ʃuːstɐ]
salto (m)	Absatz (m)	['apˌzats]

par (m)	Paar (n)	[pa:ɐ]
cadarço (m)	Schnürsenkel (m)	[ˈʃnyːɐˌsɛŋkəl]
amarrar os cadarços	schnüren (vt)	[ˈʃnyːʀən]
calçadeira (f)	Schuhlöffel (m)	[ˈʃuːˌlœfəl]
graxa (f) para calçado	Schuhcreme (f)	[ˈʃuːˌkʀɛːm]

31. Acessórios pessoais

luva (f)	Handschuhe (pl)	[ˈhantˌʃuːə]
mitenes (f pl)	Fausthandschuhe (pl)	[ˈfaʊstˌhantˌʃuːə]
cachecol (m)	Schal (m)	[ʃaːl]

óculos (m pl)	Brille (f)	[ˈbʀɪlə]
armação (f)	Brillengestell (n)	[ˈbʀɪlənˌɡəˈʃtɛl]
guarda-chuva (m)	Regenschirm (m)	[ˈʀeːɡənˌʃɪʁm]
bengala (f)	Spazierstock (m)	[ʃpaˈtsiːɐˌʃtɔk]
escova (f) para o cabelo	Haarbürste (f)	[ˈhaːɐˌbʏʁstə]
leque (m)	Fächer (m)	[ˈfɛçɐ]

gravata (f)	Krawatte (f)	[kʀaˈvatə]
gravata-borboleta (f)	Fliege (f)	[ˈfliːɡə]
suspensórios (m pl)	Hosenträger (pl)	[ˈhoːzənˌtʀɛːɡɐ]
lenço (m)	Taschentuch (n)	[ˈtaʃənˌtuːx]

pente (m)	Kamm (m)	[kam]
fivela (f) para cabelo	Haarspange (f)	[ˈhaːɐˌʃpaŋə]
grampo (m)	Haarnadel (f)	[ˈhaːɐˌnaːdəl]
fivela (f)	Schnalle (f)	[ˈʃnalə]

| cinto (m) | Gürtel (m) | [ˈɡʏʁtəl] |
| alça (f) de ombro | Umhängegurt (m) | [ˈʊmhɛŋəˌɡʊʁt] |

bolsa (f)	Tasche (f)	[ˈtaʃə]
bolsa (feminina)	Handtasche (f)	[ˈhantˌtaʃə]
mochila (f)	Rucksack (m)	[ˈʀʊkˌzak]

32. Vestuário. Diversos

moda (f)	Mode (f)	[ˈmoːdə]
na moda (adj)	modisch	[ˈmoːdɪʃ]
estilista (m)	Modedesigner (m)	[ˈmoːdəˈdiˈzaɪnɐ]

colarinho (m)	Kragen (m)	[ˈkʀaːɡən]
bolso (m)	Tasche (f)	[ˈtaʃə]
de bolso	Taschen-	[ˈtaʃən]
manga (f)	Ärmel (m)	[ˈɛʁməl]
ganchinho (m)	Aufhänger (m)	[ˈaʊfˌhɛŋɐ]
bragueta (f)	Hosenschlitz (m)	[ˈhoːzənˌʃlɪts]

zíper (m)	Reißverschluss (m)	[ˈʀaɪsˌfɛɐˌʃlʊs]
colchete (m)	Verschluss (m)	[fɛɐˈʃlʊs]
botão (m)	Knopf (m)	[knɔpf]

botoeira (casa de botão)	Knopfloch (n)	['knɔpf͜lɔχ]
soltar-se (vr)	abgehen (vi)	['ap͜ge:ən]

costurar (vi)	nähen (vi, vt)	['nɛ:ən]
bordar (vt)	sticken (vt)	['ʃtɪkən]
bordado (m)	Stickerei (f)	[ʃtɪkə'ʀaɪ]
agulha (f)	Nadel (f)	['na:dəl]
fio, linha (f)	Faden (m)	['fa:dən]
costura (f)	Naht (f)	[na:t]

sujar-se (vr)	sich beschmutzen	[zɪç bə'ʃmʊtsən]
mancha (f)	Fleck (m)	[flɛk]
amarrotar-se (vr)	sich knittern	[zɪç 'knɪtən]
rasgar (vt)	zerreißen (vt)	[tsɛɛ'ʀaɪsən]
traça (f)	Motte (f)	['mɔtə]

33. Cuidados pessoais. Cosméticos

pasta (f) de dente	Zahnpasta (f)	['tsa:n͜pasta]
escova (f) de dente	Zahnbürste (f)	['tsa:n͜byʀstə]
escovar os dentes	Zähne putzen	['tsɛ:nə 'pʊtsən]

gilete (f)	Rasierer (m)	[ʀa'zi:ʀɐ]
creme (m) de barbear	Rasiercreme (f)	[ʀa'zi:ɐ͜kʀɛ:m]
barbear-se (vr)	sich rasieren	[zɪç ʀa'zi:ʀən]

sabonete (m)	Seife (f)	['zaɪfə]
xampu (m)	Shampoo (n)	['ʃampu]

tesoura (f)	Schere (f)	['ʃe:ʀə]
lixa (f) de unhas	Nagelfeile (f)	['na:gəl͜faɪlə]
corta-unhas (m)	Nagelzange (f)	['na:gəl͜tsaŋə]
pinça (f)	Pinzette (f)	[pɪn'tsɛtə]

cosméticos (m pl)	Kosmetik (f)	[kɔs'me:tɪk]
máscara (f)	Gesichtsmaske (f)	[gə'zɪçts͜maskə]
manicure (f)	Maniküre (f)	[mani'ky:ʀə]
fazer as unhas	Maniküre machen	[mani'ky:ʀə 'maχən]
pedicure (f)	Pediküre (f)	[pedi'ky:ʀə]

bolsa (f) de maquiagem	Kosmetiktasche (f)	[kɔs'me:tɪk͜taʃə]
pó (de arroz)	Puder (m)	['pu:dɐ]
pó (m) compacto	Puderdose (f)	['pu:dɐ͜do:zə]
blush (m)	Rouge (n)	[ʀu:ʒ]

perfume (m)	Parfüm (n)	[paʀ'fy:m]
água-de-colônia (f)	Duftwasser (n)	['dʊft͜vasɐ]
loção (f)	Lotion (f)	[lo'tsjo:n]
colônia (f)	Kölnischwasser (n)	['kœlnɪʃ͜vasɐ]

sombra (f) de olhos	Lidschatten (m)	['li:tʃatən]
delineador (m)	Kajalstift (m)	[ka'ja:l͜ʃtɪft]
máscara (f), rímel (m)	Wimperntusche (f)	['vɪmpɐn͜tʊʃə]
batom (m)	Lippenstift (m)	['lɪpən͜ʃtɪft]

esmalte (m)	Nagellack (m)	['na:gəlˌlak]
laquê (m), spray fixador (m)	Haarlack (m)	['ha:eˌlak]
desodorante (m)	Deodorant (n)	[deodo'ʀant]

creme (m)	Creme (f)	[kʀɛ:m]
creme (m) de rosto	Gesichtscreme (f)	[gə'zɪçtsˌkʀɛ:m]
creme (m) de mãos	Handcreme (f)	['hantˌkʀɛ:m]
creme (m) antirrugas	Anti-Falten-Creme (f)	[ˌanti'faltən·kʀɛ:m]
creme (m) de dia	Tagescreme (f)	['ta:gəsˌkʀɛ:m]
creme (m) de noite	Nachtcreme (f)	['naχtˌkʀɛ:m]
de dia	Tages-	['ta:gəs]
da noite	Nacht-	[naχt]

absorvente (m) interno	Tampon (m)	['tampo:n]
papel (m) higiênico	Toilettenpapier (n)	[toa'lɛtən·paˌpi:e]
secador (m) de cabelo	Föhn (m)	['fø:n]

34. Relógios de pulso. Relógios

relógio (m) de pulso	Armbanduhr (f)	['aʁmbantˌʔu:e]
mostrador (m)	Zifferblatt (n)	['tsɪfeˌblat]
ponteiro (m)	Zeiger (m)	['tsaɪge]
bracelete (em aço)	Metallarmband (n)	[me'tal,ʔaʁmbant]
bracelete (em couro)	Uhrenarmband (n)	['u:ʀənˌʔaʁmbant]

pilha (f)	Batterie (f)	[batə'ʀi:]
acabar (vi)	verbraucht sein	[fɛe'bʀaʊχt zaɪn]
trocar a pilha	die Batterie wechseln	[di batə'ʀi: 'vɛksəln]
estar adiantado	vorgehen (vi)	['fo:eˌge:ən]
estar atrasado	nachgehen (vi)	['na:χˌge:ən]

relógio (m) de parede	Wanduhr (f)	['vantˌʔu:e]
ampulheta (f)	Sanduhr (f)	['zantˌʔu:e]
relógio (m) de sol	Sonnenuhr (f)	['zɔnənˌʔu:e]
despertador (m)	Wecker (m)	['vɛke]
relojoeiro (m)	Uhrmacher (m)	['u:eˌmaχe]
reparar (vt)	reparieren (vt)	[ʀepa'ʀi:ʀən]

Alimentação. Nutrição

35. Comida

carne (f)	Fleisch (n)	[flaɪʃ]
galinha (f)	Hühnerfleisch (n)	['hy:nə͵flaɪʃ]
frango (m)	Küken (n)	['ky:kən]
pato (m)	Ente (f)	['ɛntə]
ganso (m)	Gans (f)	[gans]
caça (f)	Wild (n)	[vɪlt]
peru (m)	Pute (f)	['pu:tə]
carne (f) de porco	Schweinefleisch (n)	['ʃvaɪnə͵flaɪʃ]
carne (f) de vitela	Kalbfleisch (n)	['kalp͵flaɪʃ]
carne (f) de carneiro	Hammelfleisch (n)	['haməl͵flaɪʃ]
carne (f) de vaca	Rindfleisch (n)	['ʀɪnt͵flaɪʃ]
carne (f) de coelho	Kaninchenfleisch (n)	[ka'ni:nçən͵flaɪʃ]
linguiça (f), salsichão (m)	Wurst (f)	[vʊʀst]
salsicha (f)	Würstchen (n)	['vʏʀstçən]
bacon (m)	Schinkenspeck (m)	['ʃɪŋkənʃpɛk]
presunto (m)	Schinken (m)	['ʃɪŋkən]
pernil (m) de porco	Räucherschinken (m)	['ʀɔɪçə͵ʃɪŋkən]
patê (m)	Pastete (f)	[pas'te:tə]
fígado (m)	Leber (f)	['le:bɐ]
guisado (m)	Hackfleisch (n)	['hak͵flaɪʃ]
língua (f)	Zunge (f)	['tsʊŋə]
ovo (m)	Ei (n)	[aɪ]
ovos (m pl)	Eier (pl)	['aɪɐ]
clara (f) de ovo	Eiweiß (n)	['aɪvaɪs]
gema (f) de ovo	Eigelb (n)	['aɪgɛlp]
peixe (m)	Fisch (m)	[fɪʃ]
mariscos (m pl)	Meeresfrüchte (pl)	['me:ʀəs͵fʀʏçtə]
crustáceos (m pl)	Krebstiere (pl)	['kʀe:ps͵ti:ʀə]
caviar (m)	Kaviar (m)	['ka:vɪaʀ]
caranguejo (m)	Krabbe (f)	['kʀabə]
camarão (m)	Garnele (f)	[gaʀ'ne:lə]
ostra (f)	Auster (f)	['aʊstɐ]
lagosta (f)	Languste (f)	[laŋ'gʊstə]
polvo (m)	Krake (m)	['kʀa:kə]
lula (f)	Kalmar (m)	['kalmaʀ]
esturjão (m)	Störfleisch (n)	['ʃtø:ɐ͵flaɪʃ]
salmão (m)	Lachs (m)	[laks]
halibute (m)	Heilbutt (m)	['haɪlbʊt]
bacalhau (m)	Dorsch (m)	[dɔʀʃ]

cavala, sarda (f)	Makrele (f)	[ma'kʀeːlə]
atum (m)	Tunfisch (m)	['tuːnfɪʃ]
enguia (f)	Aal (m)	[aːl]

truta (f)	Forelle (f)	[ˌfo'ʀɛlə]
sardinha (f)	Sardine (f)	[zaʁ'diːnə]
lúcio (m)	Hecht (m)	[hɛçt]
arenque (m)	Hering (m)	['heːʀɪŋ]

pão (m)	Brot (n)	[bʀoːt]
queijo (m)	Käse (m)	['kɛːzə]
açúcar (m)	Zucker (m)	['tsʊkɐ]
sal (m)	Salz (n)	[zalts]

arroz (m)	Reis (m)	[ʀaɪs]
massas (f pl)	Teigwaren (pl)	['taɪkˌvaːʀən]
talharim, miojo (m)	Nudeln (pl)	['nuːdəln]

manteiga (f)	Butter (f)	['bʊtə]
óleo (m) vegetal	Pflanzenöl (n)	['pflantsənˌʔøːl]
óleo (m) de girassol	Sonnenblumenöl (n)	['zɔnənbluːmənˌʔøːl]
margarina (f)	Margarine (f)	[maʁga'ʀiːnə]

azeitonas (f pl)	Oliven (pl)	[o'liːvən]
azeite (m)	Olivenöl (n)	[o'liːvənˌʔøːl]

leite (m)	Milch (f)	[mɪlç]
leite (m) condensado	Kondensmilch (f)	[kɔn'dɛnsˌmɪlç]
iogurte (m)	Joghurt (m, f)	['joːgʊʁt]
creme (m) azedo	saure Sahne (f)	['zaʊʀə 'zaːnə]
creme (m) de leite	Sahne (f)	['zaːnə]

maionese (f)	Mayonnaise (f)	[majo'nɛːzə]
creme (m)	Buttercreme (f)	['bʊtəˌkʀɛːm]

grãos (m pl) de cereais	Grütze (f)	['gʀʏtsə]
farinha (f)	Mehl (n)	[meːl]
enlatados (m pl)	Konserven (pl)	[kɔn'zɛʁvən]

flocos (m pl) de milho	Maisflocken (pl)	[maɪs'flɔkən]
mel (m)	Honig (m)	['hoːnɪç]
geleia (m)	Marmelade (f)	[ˌmaʁmə'laːdə]
chiclete (m)	Kaugummi (m, n)	['kaʊˌgʊmi]

36. Bebidas

água (f)	Wasser (n)	['vasə]
água (f) potável	Trinkwasser (n)	['tʀɪŋkˌvasə]
água (f) mineral	Mineralwasser (n)	[mine'ʀaːlˌvasə]

sem gás (adj)	still	[ʃtɪl]
gaseificada (adj)	mit Kohlensäure	[mɪt 'koːlənˌzɔɪʀə]
com gás	mit Gas	[mɪt gaːs]
gelo (m)	Eis (n)	[aɪs]

com gelo	mit Eis	[mɪt aɪs]
não alcoólico (adj)	alkoholfrei	['alkoho:lˈfʀaɪ]
refrigerante (m)	alkoholfreies Getränk (n)	['alkoho:lˈfʀaɪəs gə'tʀɛŋk]
refresco (m)	Erfrischungsgetränk (n)	[ɛɐ'fʀɪʃʊŋsˑgəˌtʀɛŋk]
limonada (f)	Limonade (f)	[limo'na:də]
bebidas (f pl) alcoólicas	Spirituosen (pl)	[ʃpiʀi'tʊo:zən]
vinho (m)	Wein (m)	[vaɪn]
vinho (m) branco	Weißwein (m)	['vaɪsˌvaɪn]
vinho (m) tinto	Rotwein (m)	['ʀo:tˌvaɪn]
licor (m)	Likör (m)	[li'kø:ɐ]
champanhe (m)	Champagner (m)	[ʃam'panjɐ]
vermute (m)	Wermut (m)	['ve:ɐmu:t]
uísque (m)	Whisky (m)	['vɪski]
vodca (f)	Wodka (m)	['vɔtka]
gim (m)	Gin (m)	[dʒɪn]
conhaque (m)	Kognak (m)	['kɔnjak]
rum (m)	Rum (m)	[ʀʊm]
café (m)	Kaffee (m)	['kafe]
café (m) preto	schwarzer Kaffee (m)	['ʃvaʁtsɐ 'kafe]
café (m) com leite	Milchkaffee (m)	['mɪlçˑkaˌfe:]
cappuccino (m)	Cappuccino (m)	[ˌkapʊ'tʃi:no]
café (m) solúvel	Pulverkaffee (m)	['pʊlfɐˌkafe]
leite (m)	Milch (f)	[mɪlç]
coquetel (m)	Cocktail (m)	['kɔktɛɪl]
batida (f), milkshake (m)	Milchcocktail (m)	['mɪlçˌkɔktɛɪl]
suco (m)	Saft (m)	[zaft]
suco (m) de tomate	Tomatensaft (m)	[to'ma:tənˌzaft]
suco (m) de laranja	Orangensaft (m)	[o'ʀa:ŋʒənˌzaft]
suco (m) fresco	frisch gepresster Saft (m)	[fʀɪʃ gə'pʀɛstə zaft]
cerveja (f)	Bier (n)	[bi:ɐ]
cerveja (f) clara	Helles (n)	['hɛlɛs]
cerveja (f) preta	Dunkelbier (n)	['dʊŋkəlˌbi:ɐ]
chá (m)	Tee (m)	[te:]
chá (m) preto	schwarzer Tee (m)	['ʃvaʁtsɐ 'te:]
chá (m) verde	grüner Tee (m)	['gʀy:nɐ te:]

37. Vegetais

vegetais (m pl)	Gemüse (n)	[gə'my:zə]
verdura (f)	grünes Gemüse (pl)	['gʀy:nəs gə'my:zə]
tomate (m)	Tomate (f)	[to'ma:tə]
pepino (m)	Gurke (f)	['gʊʁkə]
cenoura (f)	Karotte (f)	[ka'ʀɔtə]
batata (f)	Kartoffel (f)	[kaʁ'tɔfəl]
cebola (f)	Zwiebel (f)	['tsvi:bəl]

alho (m)	Knoblauch (m)	['kno:p,laʊχ]
couve (f)	Kohl (m)	[ko:l]
couve-flor (f)	Blumenkohl (m)	['blu:mən,ko:l]
couve-de-bruxelas (f)	Rosenkohl (m)	['ʀo:zən,ko:l]
brócolis (m pl)	Brokkoli (m)	['bʀɔkoli]

beterraba (f)	Rote Bete (f)	[,ʀo:tə'be:tə]
berinjela (f)	Aubergine (f)	[,obɛʀ'ʒi:nə]
abobrinha (f)	Zucchini (f)	[tsʊ'ki:ni]
abóbora (f)	Kürbis (m)	['kʏʀbɪs]
nabo (m)	Rübe (f)	['ʀy:bə]

salsa (f)	Petersilie (f)	[petɐ'zi:lɪə]
endro, aneto (m)	Dill (m)	[dɪl]
alface (f)	Kopf Salat (m)	[kopf za'la:t]
aipo (m)	Sellerie (m)	['zɛləʀi]
aspargo (m)	Spargel (m)	['ʃpaʀgəl]
espinafre (m)	Spinat (m)	[ʃpi'na:t]

ervilha (f)	Erbse (f)	['ɛʀpsə]
feijão (~ soja, etc.)	Bohnen (pl)	['bo:nən]
milho (m)	Mais (m)	['maɪs]
feijão (m) roxo	weiße Bohne (f)	['vaɪsə 'bo:nə]

pimentão (m)	Paprika (m)	['papʀika]
rabanete (m)	Radieschen (n)	[ʀa'di:sçən]
alcachofra (f)	Artischocke (f)	[aʀti'ʃɔkə]

38. Frutos. Nozes

fruta (f)	Frucht (f)	[fʀʊχt]
maçã (f)	Apfel (m)	['apfəl]
pera (f)	Birne (f)	['bɪʀnə]
limão (m)	Zitrone (f)	[tsi'tʀo:nə]
laranja (f)	Apfelsine (f)	[apfəl'zi:nə]
morango (m)	Erdbeere (f)	['e:ɐt,be:ʀə]

tangerina (f)	Mandarine (f)	[,manda'ʀi:nə]
ameixa (f)	Pflaume (f)	['pflaʊmə]
pêssego (m)	Pfirsich (m)	['pfɪʀzɪç]
damasco (m)	Aprikose (f)	[,apʀi'ko:zə]
framboesa (f)	Himbeere (f)	['hɪm,be:ʀə]
abacaxi (m)	Ananas (f)	['ananas]

banana (f)	Banane (f)	[ba'na:nə]
melancia (f)	Wassermelone (f)	['vasɐme,lo:nə]
uva (f)	Weintrauben (pl)	['vaɪn,tʀaʊbən]
ginja (f)	Sauerkirsche (f)	['zaʊɐ,kɪʀʃə]
cereja (f)	Süßkirsche (f)	['zy:s,kɪʀʃə]
melão (m)	Melone (f)	[me'lo:nə]

toranja (f)	Grapefruit (f)	['gʀɛɪp,fʀu:t]
abacate (m)	Avocado (f)	[avo'ka:do]
mamão (m)	Papaya (f)	[pa'pa:ja]

| manga (f) | Mango (f) | ['maŋgo] |
| romã (f) | Granatapfel (m) | [gʀa'na:t̮ʔapfəl] |

groselha (f) vermelha	rote Johannisbeere (f)	['ʀo:tə jo:'hanɪsbe:ʀə]
groselha (f) negra	schwarze Johannisbeere (f)	['ʃvaʀtsə jo:'hanɪsbe:ʀə]
groselha (f) espinhosa	Stachelbeere (f)	['ʃtaχəlˌbe:ʀə]
mirtilo (m)	Heidelbeere (f)	['haɪdəlˌbe:ʀə]
amora (f) silvestre	Brombeere (f)	['bʀɔmˌbe:ʀə]

passa (f)	Rosinen (pl)	[ʀo'zi:nən]
figo (m)	Feige (f)	['faɪgə]
tâmara (f)	Dattel (f)	['datəl]

amendoim (m)	Erdnuss (f)	['e:ɐ̯tˌnʊs]
amêndoa (f)	Mandel (f)	['mandəl]
noz (f)	Walnuss (f)	['valˌnʊs]
avelã (f)	Haselnuss (f)	['ha:zəlˌnʊs]
coco (m)	Kokosnuss (f)	['ko:kɔsˌnʊs]
pistaches (m pl)	Pistazien (pl)	[pɪs'ta:tsɪən]

39. Pão. Bolaria

pastelaria (f)	Konditorwaren (pl)	[kɔn'dito:ɐ̯ˌva:ʀən]
pão (m)	Brot (n)	[bʀo:t]
biscoito (m), bolacha (f)	Keks (m, n)	[ke:ks]

chocolate (m)	Schokolade (f)	[ʃoko'la:də]
de chocolate	Schokoladen-	[ʃoko'la:dən]
bala (f)	Bonbon (m, n)	[bɔŋ'bɔŋ]
doce (bolo pequeno)	Kuchen (m)	['ku:χən]
bolo (m) de aniversário	Torte (f)	['tɔʀtə]

| torta (f) | Kuchen (m) | ['ku:χən] |
| recheio (m) | Füllung (f) | ['fʏlʊŋ] |

geleia (m)	Konfitüre (f)	[ˌkɔnfi'ty:ʀə]
marmelada (f)	Marmelade (f)	[ˌmaʀmə'la:də]
wafers (m pl)	Waffeln (pl)	[vafəln]
sorvete (m)	Eis (n)	[aɪs]
pudim (m)	Pudding (m)	['pʊdɪŋ]

40. Pratos cozinhados

prato (m)	Gericht (n)	[gə'ʀɪçt]
cozinha (~ portuguesa)	Küche (f)	['kʏçə]
receita (n)	Rezept (n)	[ʀe'tsɛpt]
porção (f)	Portion (f)	[pɔʀ'tsjo:n]

salada (f)	Salat (m)	[za'la:t]
sopa (f)	Suppe (f)	['zʊpə]
caldo (m)	Brühe (f), Bouillon (f)	['bʀy:ə], [bul'jɔŋ]
sanduíche (m)	belegtes Brot (n)	[bə'le:ktəs bʀo:t]

ovos (m pl) fritos	Spiegelei (n)	['ʃpi:gəlˌʔaɪ]
hambúrguer (m)	Hamburger (m)	['hamˌbuʁgɐ]
bife (m)	Beefsteak (n)	['bi:fˌʃteːk]

acompanhamento (m)	Beilage (f)	['baɪˌla:gə]
espaguete (m)	Spaghetti (pl)	[ʃpa'gɛti]
purê (m) de batata	Kartoffelpüree (n)	[kaʁ'tɔfəl·pyˌʁeː]
pizza (f)	Pizza (f)	['pɪtsa]
mingau (m)	Brei (m)	[bʀaɪ]
omelete (f)	Omelett (n)	[ɔm'lɛt]

fervido (adj)	gekocht	[gə'kɔxt]
defumado (adj)	geräuchert	[gə'ʀɔɪçɐt]
frito (adj)	gebraten	[gə'bʀa:tən]
seco (adj)	getrocknet	[gə'tʀɔknət]
congelado (adj)	tiefgekühlt	['ti:fgəˌky:lt]
em conserva (adj)	mariniert	[maʀi'ni:ɐt]

doce (adj)	süß	[zy:s]
salgado (adj)	salzig	['zaltsɪç]
frio (adj)	kalt	[kalt]
quente (adj)	heiß	[haɪs]
amargo (adj)	bitter	['bɪtə]
gostoso (adj)	lecker	['lɛkɐ]

cozinhar em água fervente	kochen (vt)	['kɔxən]
preparar (vt)	zubereiten (vt)	['tsu:bəˌʀaɪtən]
fritar (vt)	braten (vt)	['bʀa:tən]
aquecer (vt)	aufwärmen (vt)	['aufˌvɛʁmən]

salgar (vt)	salzen (vt)	['zaltsən]
apimentar (vt)	pfeffern (vt)	['pfɛfɐn]
ralar (vt)	reiben (vt)	['ʀaɪbən]
casca (f)	Schale (f)	['ʃa:lə]
descascar (vt)	schälen (vt)	['ʃɛ:lən]

41. Especiarias

sal (m)	Salz (n)	[zalts]
salgado (adj)	salzig	['zaltsɪç]
salgar (vt)	salzen (vt)	['zaltsən]

pimenta-do-reino (f)	schwarzer Pfeffer (m)	['ʃvaʁtsɐ 'pfɛfɐ]
pimenta (f) vermelha	roter Pfeffer (m)	['ʀo:tɐ 'pfɛfɐ]
mostarda (f)	Senf (m)	[zɛnf]
raiz-forte (f)	Meerrettich (m)	['me:ɐˌʀɛtɪç]

condimento (m)	Gewürz (n)	[gə'vʏʁts]
especiaria (f)	Gewürz (n)	[gə'vʏʁts]
molho (~ inglês)	Soße (f)	['zo:sə]
vinagre (m)	Essig (m)	['ɛsɪç]

anis estrelado (m)	Anis (m)	[a'ni:s]
manjericão (m)	Basilikum (n)	[ba'zi:likum]

cravo (m)	Nelke (f)	['nɛlkə]
gengibre (m)	Ingwer (m)	['ɪŋvɐ]
coentro (m)	Koriander (m)	[ko'ʀɪandɐ]
canela (f)	Zimt (m)	[tsɪmt]

gergelim (m)	Sesam (m)	['ze:zam]
folha (f) de louro	Lorbeerblatt (n)	['lɔʁbeːɐˌblat]
páprica (f)	Paprika (m)	['papʁika]
cominho (m)	Kümmel (m)	['kʏməl]
açafrão (m)	Safran (m)	['zafʀan]

42. Refeições

comida (f)	Essen (n)	['ɛsən]
comer (vt)	essen (vi, vt)	['ɛsən]

café (m) da manhã	Frühstück (n)	['fʀyːʃtʏk]
tomar café da manhã	frühstücken (vi)	['fʀyːʃtʏkən]
almoço (m)	Mittagessen (n)	['mɪtaːkˌʔɛsən]
almoçar (vi)	zu Mittag essen	[tsu 'mɪtaːk 'ɛsən]
jantar (m)	Abendessen (n)	['aːbəntˌʔɛsən]
jantar (vi)	zu Abend essen	[tsu 'aːbənt 'ɛsən]

apetite (m)	Appetit (m)	[ape'tiːt]
Bom apetite!	Guten Appetit!	[ˌgutən ˌʔapə'tiːt]

abrir (~ uma lata, etc.)	öffnen (vt)	['œfnən]
derramar (~ líquido)	verschütten (vt)	[fɛɐ'ʃʏtən]
derramar-se (vr)	verschüttet werden	[fɛɐ'ʃʏtət 've:ɐdən]

ferver (vi)	kochen (vi)	['kɔχən]
ferver (vt)	kochen (vt)	['kɔχən]
fervido (adj)	gekocht	[gə'kɔχt]

esfriar (vt)	kühlen (vt)	['kyːlən]
esfriar-se (vr)	abkühlen (vi)	['apˌkyːlən]

sabor, gosto (m)	Geschmack (m)	[gə'ʃmak]
fim (m) de boca	Beigeschmack (m)	['baɪgəˌʃmak]

emagrecer (vi)	auf Diät sein	[aʊf di'ɛːt zaɪn]
dieta (f)	Diät (f)	[di'ɛːt]
vitamina (f)	Vitamin (n)	[vita'miːn]
caloria (f)	Kalorie (f)	[kalo'ʀiː]

vegetariano (m)	Vegetarier (m)	[vege'taːʀɪɐ]
vegetariano (adj)	vegetarisch	[vege'taːʀɪʃ]

gorduras (f pl)	Fett (n)	[fɛt]
proteínas (f pl)	Protein (n)	[pʀote'iːn]
carboidratos (m pl)	Kohlenhydrat (n)	['koːlənhyˌdʀaːt]
fatia (~ de limão, etc.)	Scheibchen (n)	['ʃaɪpçən]
pedaço (~ de bolo)	Stück (n)	[ʃtʏk]
migalha (f), farelo (m)	Krümel (m)	['kʀyːməl]

43. Por a mesa

colher (f)	Löffel (m)	['lœfəl]
faca (f)	Messer (n)	['mɛsɐ]
garfo (m)	Gabel (f)	[ga:bəl]
xícara (f)	Tasse (f)	['tasə]
prato (m)	Teller (m)	['tɛlɐ]
pires (m)	Untertasse (f)	['ʊntɐˌtasə]
guardanapo (m)	Serviette (f)	[zɛʁ'vɪɛtə]
palito (m)	Zahnstocher (m)	['tsa:nˌʃtɔχɐ]

44. Restaurante

restaurante (m)	Restaurant (n)	[ʁɛsto'ʁaŋ]
cafeteria (f)	Kaffeehaus (n)	[ka'fe:ˌhaʊs]
bar (m), cervejaria (f)	Bar (f)	[ba:ɐ]
salão (m) de chá	Teesalon (m)	['te:-za'lɔŋ]
garçom (m)	Kellner (m)	['kɛlnɐ]
garçonete (f)	Kellnerin (f)	['kɛlnəʁɪn]
barman (m)	Barmixer (m)	['ba:ɐˌmɪksɐ]
cardápio (m)	Speisekarte (f)	['ʃpaɪzəˌkaʁtə]
lista (f) de vinhos	Weinkarte (f)	['vaɪnˌkaʁtə]
reservar uma mesa	einen Tisch reservieren	['aɪnən tɪʃ ʁezɛʁ'vi:ʁən]
prato (m)	Gericht (n)	[gə'ʁɪçt]
pedir (vt)	bestellen (vt)	[bə'ʃtɛlən]
fazer o pedido	eine Bestellung aufgeben	['aɪnə bə'ʃtɛlʊŋ 'aʊfˌge:bən]
aperitivo (m)	Aperitif (m)	[apeʁi'ti:f]
entrada (f)	Vorspeise (f)	['fo:ɐˌʃpaɪzə]
sobremesa (f)	Nachtisch (m)	['na:χˌtɪʃ]
conta (f)	Rechnung (f)	['ʁɛçnʊŋ]
pagar a conta	Rechnung bezahlen	['ʁɛçnʊŋ bə'tsa:lən]
dar o troco	das Wechselgeld geben	[das 'vɛksəlˌgɛlt 'ge:bən]
gorjeta (f)	Trinkgeld (n)	['tʁɪŋkˌgɛlt]

Família, parentes e amigos

45. Informação pessoal. Formulários

nome (m)	Vorname (m)	['fo:ɐ̯ˌna:mə]
sobrenome (m)	Name (m)	['na:mə]
data (f) de nascimento	Geburtsdatum (n)	[gə'bu:ɐtsˌda:tʊm]
local (m) de nascimento	Geburtsort (m)	[gə'bu:ɐtsˌʔɔʁt]
nacionalidade (f)	Nationalität (f)	[natsjɔnali'tɛ:t]
lugar (m) de residência	Wohnort (m)	['vo:nˌʔɔʁt]
país (m)	Land (n)	[lant]
profissão (f)	Beruf (m)	[bə'ʀu:f]
sexo (m)	Geschlecht (n)	[gə'ʃlɛçt]
estatura (f)	Größe (f)	['gʀø:sə]
peso (m)	Gewicht (n)	[gə'vɪçt]

46. Membros da família. Parentes

mãe (f)	Mutter (f)	['mʊtə]
pai (m)	Vater (m)	['fa:tɐ]
filho (m)	Sohn (m)	[zo:n]
filha (f)	Tochter (f)	['tɔχtɐ]
caçula (f)	jüngste Tochter (f)	['jʏŋstə 'tɔχtɐ]
caçula (m)	jüngste Sohn (m)	['jʏŋstə 'zo:n]
filha (f) mais velha	ältere Tochter (f)	['ɛltəʀə 'tɔχtɐ]
filho (m) mais velho	älterer Sohn (m)	['ɛltəʀɐ 'zo:n]
irmão (m)	Bruder (m)	['bʀu:dɐ]
irmã (f)	Schwester (f)	['ʃvɛstɐ]
primo (m)	Cousin (m)	[ku'zɛŋ]
prima (f)	Cousine (f)	[ku'zi:nə]
mamãe (f)	Mama (f)	['mama]
papai (m)	Papa (m)	['papa]
pais (pl)	Eltern (pl)	['ɛltɐn]
criança (f)	Kind (n)	[kɪnt]
crianças (f pl)	Kinder (pl)	['kɪndɐ]
avó (f)	Großmutter (f)	['gʀo:sˌmʊtɐ]
avô (m)	Großvater (m)	['gʀo:sˌfa:tɐ]
neto (m)	Enkel (m)	['ɛŋkəl]
neta (f)	Enkelin (f)	['ɛŋkəlɪn]
netos (pl)	Enkelkinder (pl)	['ɛŋkəlˌkɪndɐ]
tio (m)	Onkel (m)	['ɔŋkəl]
tia (f)	Tante (f)	['tantə]

sobrinho (m)	**Neffe** (m)	['nɛfə]
sobrinha (f)	**Nichte** (f)	['nɪçtə]
sogra (f)	**Schwiegermutter** (f)	['ʃviːgə͜mʊtə]
sogro (m)	**Schwiegervater** (m)	['ʃviːgə͜faːtə]
genro (m)	**Schwiegersohn** (m)	['ʃviːgə͜zoːn]
madrasta (f)	**Stiefmutter** (f)	['ʃtiːf͜mʊtə]
padrasto (m)	**Stiefvater** (m)	['ʃtiːf͜faːtə]
criança (f) de colo	**Säugling** (m)	['zɔɪklɪŋ]
bebê (m)	**Kleinkind** (n)	['klaɪn͜kɪnt]
menino (m)	**Kleine** (m)	['klaɪnə]
mulher (f)	**Frau** (f)	[fʀaʊ]
marido (m)	**Mann** (m)	[man]
esposo (m)	**Ehemann** (m)	['eːə͜man]
esposa (f)	**Gemahlin** (f)	[gə'maːlɪn]
casado (adj)	**verheiratet**	[fɛɛ'haɪʀaːtət]
casada (adj)	**verheiratet**	[fɛɛ'haɪʀaːtət]
solteiro (adj)	**ledig**	['leːdɪç]
solteirão (m)	**Junggeselle** (m)	['jʊŋgə͜zɛlə]
divorciado (adj)	**geschieden**	[gə'ʃiːdən]
viúva (f)	**Witwe** (f)	['vɪtvə]
viúvo (m)	**Witwer** (m)	['vɪtvə]
parente (m)	**Verwandte** (m)	[fɛɛ'vantə]
parente (m) próximo	**naher Verwandter** (m)	['naːɐ fɛɛ'vantə]
parente (m) distante	**entfernter Verwandter** (m)	[ɛnt'fɛʀntə fɛɛ'vantə]
parentes (m pl)	**Verwandte** (pl)	[fɛɛ'vantə]
órfão (m), órfã (f)	**Waise** (m, f)	['vaɪzə]
tutor (m)	**Vormund** (m)	['foːə͜mʊnt]
adotar (um filho)	**adoptieren** (vt)	[adɔp'tiːʀən]
adotar (uma filha)	**adoptieren** (vt)	[adɔp'tiːʀən]

Medicina

47. Doenças

doença (f)	Krankheit (f)	['kʀaŋkhaɪt]
estar doente	krank sein	[kʀaŋk zaɪn]
saúde (f)	Gesundheit (f)	[gə'zʊnthaɪt]
nariz (m) escorrendo	Schnupfen (m)	['ʃnʊpfən]
amigdalite (f)	Angina (f)	[aŋ'gi:na]
resfriado (m)	Erkältung (f)	[ɛɐ'kɛltʊŋ]
ficar resfriado	sich erkälten	[zɪç ɛɐ'kɛltən]
bronquite (f)	Bronchitis (f)	[bʀɔn'çi:tɪs]
pneumonia (f)	Lungenentzündung (f)	['lʊŋən?ɛnt͵tsʏndʊŋ]
gripe (f)	Grippe (f)	['gʀɪpə]
míope (adj)	kurzsichtig	['kʊɐts͵zɪçtɪç]
presbita (adj)	weitsichtig	['vaɪt͵zɪçtɪç]
estrabismo (m)	Schielen (n)	['ʃi:lən]
estrábico, vesgo (adj)	schielend	['ʃi:lənt]
catarata (f)	grauer Star (m)	['gʀaʊɐ ʃta:ɐ]
glaucoma (m)	Glaukom (n)	[glau'ko:m]
AVC (m), apoplexia (f)	Schlaganfall (m)	['ʃla:k?an͵fal]
ataque (m) cardíaco	Infarkt (m)	[ɪn'faʀkt]
enfarte (m) do miocárdio	Herzinfarkt (m)	['hɛʀts?ɪn͵faʀkt]
paralisia (f)	Lähmung (f)	['lɛ:mʊŋ]
paralisar (vt)	lähmen (vt)	['lɛ:mən]
alergia (f)	Allergie (f)	[͵alɛʀ'gi:]
asma (f)	Asthma (n)	['astma]
diabetes (f)	Diabetes (m)	[dia'be:tɛs]
dor (f) de dente	Zahnschmerz (m)	['tsa:n͵ʃmɛʀts]
cárie (f)	Karies (f)	['ka:ʀɪɛs]
diarreia (f)	Durchfall (m)	['dʊʀç͵fal]
prisão (f) de ventre	Verstopfung (f)	[fɛɐ'ʃtɔpfʊŋ]
desarranjo (m) intestinal	Magenverstimmung (f)	['ma:gən·fɛɐʃtɪmʊŋ]
intoxicação (f) alimentar	Vergiftung (f)	[fɛɐ'gɪftʊŋ]
intoxicar-se	Vergiftung bekommen	[fɛɐ'gɪftʊŋ bə'kɔmən]
artrite (f)	Arthritis (f)	[aʀ'tʀi:tɪs]
raquitismo (m)	Rachitis (f)	[ʀa'χi:tɪs]
reumatismo (m)	Rheumatismus (m)	[ʀɔɪma'tɪsmʊs]
arteriosclerose (f)	Atherosklerose (f)	[atɛʀoskle'ʀo:zə]
gastrite (f)	Gastritis (f)	[gas'tʀi:tɪs]
apendicite (f)	Blinddarmentzündung (f)	['blɪntdaʀm?ɛnt͵tsʏndʊŋ]

| colecistite (f) | Cholezystitis (f) | [çoletsʏs'ti:tɪs] |
| úlcera (f) | Geschwür (n) | [gə'ʃvy:ɐ] |

sarampo (m)	Masern (pl)	['ma:zən]
rubéola (f)	Röteln (pl)	['ʀø:təln]
icterícia (f)	Gelbsucht (f)	['gɛlp,zuxt]
hepatite (f)	Hepatitis (f)	[,hepa'ti:tɪs]

esquizofrenia (f)	Schizophrenie (f)	[ʃitsofʀe'ni:]
raiva (f)	Tollwut (f)	['tɔl,vu:t]
neurose (f)	Neurose (f)	[nɔɪ'ʀo:zə]
contusão (f) cerebral	Gehirnerschütterung (f)	[gə'hɪʀn?ɛɐʃʏtɐʀuŋ]

câncer (m)	Krebs (m)	[kʀe:ps]
esclerose (f)	Sklerose (f)	[skle'ʀo:zə]
esclerose (f) múltipla	multiple Sklerose (f)	[mʊl'ti:plə skle'ʀo:zə]

alcoolismo (m)	Alkoholismus (m)	[,alkoho'lɪsmʊs]
alcoólico (m)	Alkoholiker (m)	[alko'ho:likɐ]
sífilis (f)	Syphilis (f)	['zy:filɪs]
AIDS (f)	AIDS	['eɪts]

tumor (m)	Tumor (m)	['tu:mo:ɐ]
maligno (adj)	bösartig	['bø:s,?a:ɐtɪç]
benigno (adj)	gutartig	['gu:t,?a:ɐtɪç]
febre (f)	Fieber (n)	['fi:bɐ]
malária (f)	Malaria (f)	[ma'la:ʀɪa]
gangrena (f)	Gangrän (f, n)	[gaŋ'gʀɛ:n]
enjoo (m)	Seekrankheit (f)	['ze:,kʀaŋkhaɪt]
epilepsia (f)	Epilepsie (f)	[epilɛ'psi:]

epidemia (f)	Epidemie (f)	[epide'mi:]
tifo (m)	Typhus (m)	['ty:fʊs]
tuberculose (f)	Tuberkulose (f)	[tubɛʀku'lo:zə]
cólera (f)	Cholera (f)	['ko:leʀa]
peste (f) bubônica	Pest (f)	[pɛst]

48. Sintomas. Tratamentos. Parte 1

sintoma (m)	Symptom (n)	[zʏmp'to:m]
temperatura (f)	Temperatur (f)	[tɛmpəʀa'tu:ɐ]
febre (f)	Fieber (n)	['fi:bɐ]
pulso (m)	Puls (m)	[pʊls]

vertigem (f)	Schwindel (m)	['ʃvɪndəl]
quente (testa, etc.)	heiß	[haɪs]
calafrio (m)	Schüttelfrost (m)	['ʃʏtəl,fʀɔst]
pálido (adj)	blass	[blas]

tosse (f)	Husten (m)	['hu:stən]
tossir (vi)	husten (vi)	['hu:stən]
espirrar (vi)	niesen (vi)	['ni:zən]
desmaio (m)	Ohnmacht (f)	['o:n,maxt]
desmaiar (vi)	ohnmächtig werden	['o:n,mɛçtɪç 've:ɐdən]

49

mancha (f) preta	blauer Fleck (m)	['blauɐ flɛk]
galo (m)	Beule (f)	['bɔɪlə]
machucar-se (vr)	sich stoßen	[zɪç 'ʃto:sən]
contusão (f)	Prellung (f)	['pʀɛlʊŋ]
machucar-se (vr)	sich stoßen	[zɪç 'ʃto:sən]

mancar (vi)	hinken (vi)	['hɪŋkən]
deslocamento (f)	Verrenkung (f)	[fɛɐ'ʀɛnkuŋ]
deslocar (vt)	ausrenken (vt)	['aʊsˌʀɛŋkən]
fratura (f)	Fraktur (f)	[fʀak'tu:ɐ]
fraturar (vt)	brechen (vt)	['bʀɛçən]

corte (m)	Schnittwunde (f)	['ʃnɪtˌvʊndə]
cortar-se (vr)	sich schneiden	[zɪç 'ʃnaɪdən]
hemorragia (f)	Blutung (f)	['blu:tʊŋ]

queimadura (f)	Verbrennung (f)	[fɛɐ'bʀɛnʊŋ]
queimar-se (vr)	sich verbrennen	[zɪç fɛɐ'bʀɛnən]

picar (vt)	stechen (vt)	['ʃtɛçən]
picar-se (vr)	sich stechen	[zɪç 'ʃtɛçən]
lesionar (vt)	verletzen (vt)	[fɛɐ'lɛtsən]
lesão (m)	Verletzung (f)	[fɛɐ'lɛtsʊŋ]
ferida (f), ferimento (m)	Wunde (f)	['vʊndə]
trauma (m)	Trauma (n)	['tʀaʊma]

delirar (vi)	irrereden (vi)	['ɪʀəˌʀe:dən]
gaguejar (vi)	stottern (vi)	['ʃtoten]
insolação (f)	Sonnenstich (m)	['zɔnənʃtɪç]

49. Sintomas. Tratamentos. Parte 2

dor (f)	Schmerz (m)	[ʃmɛɐts]
farpa (no dedo, etc.)	Splitter (m)	['ʃplɪtɐ]

suor (m)	Schweiß (m)	[ʃvaɪs]
suar (vi)	schwitzen (vi)	['ʃvɪtsən]
vômito (m)	Erbrechen (n)	[ɛɐ'bʀɛçən]
convulsões (f pl)	Krämpfe (pl)	['kʀɛmpfə]

grávida (adj)	schwanger	['ʃvaŋɐ]
nascer (vi)	geboren sein	[gə'bo:ʀən zaɪn]
parto (m)	Geburt (f)	[gə'bu:ɐt]
dar à luz	gebären (vt)	[gə'bɛ:ʀən]
aborto (m)	Abtreibung (f)	['apˌtʀaɪbʊŋ]

respiração (f)	Atem (m)	['a:təm]
inspiração (f)	Atemzug (m)	['a:təmˌtsu:k]
expiração (f)	Ausatmung (f)	['aʊsʔa:tmʊŋ]
expirar (vi)	ausatmen (vt)	['aʊsˌʔa:tmən]
inspirar (vi)	einatmen (vt)	['aɪnˌʔa:tmən]

inválido (m)	Invalide (m)	[ɪnva'li:də]
aleijado (m)	Krüppel (m)	['kʀʏpəl]

drogado (m)	Drogenabhängiger (m)	['dʀoːgən,ʔaphɛŋɪgə]
surdo (adj)	taub	[taʊp]
mudo (adj)	stumm	[ʃtʊm]
surdo-mudo (adj)	taubstumm	['taʊpˌʃtʊm]

louco, insano (adj)	verrückt	[fɛɐ'ʀʏkt]
louco (m)	Irre (m)	['ɪʀə]
louca (f)	Irre (f)	['ɪʀə]
ficar louco	den Verstand verlieren	[den fɛɐ'ʃtant fɛɐ'liːʀən]

gene (m)	Gen (n)	[geːn]
imunidade (f)	Immunität (f)	[ɪmuni'tɛːt]
hereditário (adj)	erblich	['ɛʁplɪç]
congênito (adj)	angeboren	['angəˌboːʀən]

vírus (m)	Virus (m, n)	['viːʀʊs]
micróbio (m)	Mikrobe (f)	[mi'kʀoːbə]
bactéria (f)	Bakterie (f)	[bak'teːʀɪə]
infecção (f)	Infektion (f)	[ɪnfɛk'tsjoːn]

50. Sintomas. Tratamentos. Parte 3

| hospital (m) | Krankenhaus (n) | ['kʀaŋkənˌhaʊs] |
| paciente (m) | Patient (m) | [pa'tsɪɛnt] |

diagnóstico (m)	Diagnose (f)	[dia'gnoːzə]
cura (f)	Heilung (f)	['haɪlʊŋ]
tratamento (m) médico	Behandlung (f)	[bə'handlʊŋ]
curar-se (vr)	Behandlung bekommen	[bə'handlʊŋ bə'kɔmən]
tratar (vt)	behandeln (vt)	[bə'handəln]
cuidar (pessoa)	pflegen (vt)	['pfleːgən]
cuidado (m)	Pflege (f)	['pfleːgə]

operação (f)	Operation (f)	[opəʀa'tsjoːn]
enfaixar (vt)	verbinden (vt)	[fɛɐ'bɪndən]
enfaixamento (m)	Verband (m)	[fɛɐ'bant]

vacinação (f)	Impfung (f)	['ɪmpfʊŋ]
vacinar (vt)	impfen (vt)	['ɪmpfən]
injeção (f)	Spritze (f)	['ʃpʀɪtsə]
dar uma injeção	eine Spritze geben	['aɪnə 'ʃpʀɪtsə 'geːbən]

ataque (~ de asma, etc.)	Anfall (m)	['anˌfal]
amputação (f)	Amputation (f)	[amputa'tsjoːn]
amputar (vt)	amputieren (vt)	[ampu'tiːʀən]
coma (f)	Koma (n)	['koːma]
estar em coma	im Koma liegen	[ɪm 'koːma 'liːgən]
reanimação (f)	Reanimation (f)	[ʀeʔanima'tsjoːn]

recuperar-se (vr)	genesen von ...	[gə'neːzən fɔn]
estado (~ de saúde)	Zustand (m)	['tsuːʃtant]
consciência (perder a ~)	Bewusstsein (n)	[bə'vʊstzaɪn]
memória (f)	Gedächtnis (n)	[gə'dɛçtnɪs]
tirar (vt)	ziehen (vt)	['tsiːən]

obturação (f)	Plombe (f)	['plɔmbə]
obturar (vt)	plombieren (vt)	[plɔm'bi:ʀən]
hipnose (f)	Hypnose (f)	[hʏp'no:zə]
hipnotizar (vt)	hypnotisieren (vt)	[hʏpnoti'zi:ʀən]

51. Médicos

médico (m)	Arzt (m)	[aʁtst]
enfermeira (f)	Krankenschwester (f)	[kʀaŋkənʃvɛstə]
médico (m) pessoal	Privatarzt (m)	[pʀi'va:t‚ʔaʁtst]
dentista (m)	Zahnarzt (m)	['tsa:n‚ʔaʁtst]
oculista (m)	Augenarzt (m)	['aʊgən‚ʔaʁtst]
terapeuta (m)	Internist (m)	[ɪntɛ'nɪst]
cirurgião (m)	Chirurg (m)	[çi'ʀuʁk]
psiquiatra (m)	Psychiater (m)	[psy'çɪa:tɐ]
pediatra (m)	Kinderarzt (m)	['kɪndɐ‚ʔaʁtst]
psicólogo (m)	Psychologe (m)	[psyço'lo:gə]
ginecologista (m)	Frauenarzt (m)	['fʀaʊən‚ʔaʁtst]
cardiologista (m)	Kardiologe (m)	[kaʁdɪo'lo:gə]

52. Medicina. Drogas. Acessórios

medicamento (m)	Arznei (f)	[aʁts'naɪ]
remédio (m)	Heilmittel (n)	['haɪl‚mɪtəl]
receitar (vt)	verschreiben (vt)	[fɛɐ'ʃʀaɪbən]
receita (f)	Rezept (n)	[ʀe'tsɛpt]
comprimido (m)	Tablette (f)	[tab'letə]
unguento (m)	Salbe (f)	['zalbə]
ampola (f)	Ampulle (f)	[am'pʊlə]
solução, preparado (m)	Mixtur (f)	[mɪks'tu:ɐ]
xarope (m)	Sirup (m)	['zi:ʀʊp]
cápsula (f)	Pille (f)	['pɪlə]
pó (m)	Pulver (n)	['pʊlfɐ]
atadura (f)	Verband (m)	[fɛɐ'bant]
algodão (m)	Watte (f)	['vatə]
iodo (m)	Jod (n)	[jo:t]
curativo (m) adesivo	Pflaster (n)	['pflastɐ]
conta-gotas (m)	Pipette (f)	[pi'pɛtə]
termômetro (m)	Thermometer (n)	[tɛʁmo'me:tɐ]
seringa (f)	Spritze (f)	['ʃpʀɪtsə]
cadeira (f) de rodas	Rollstuhl (m)	['ʀɔlˌʃtu:l]
muletas (f pl)	Krücken (pl)	['kʀʏkən]
analgésico (m)	Betäubungsmittel (n)	[bə'tɔɪbʊŋsˌmɪtəl]
laxante (m)	Abführmittel (n)	['apfy:ɐˌmɪtəl]

álcool (m)	Spiritus (m)	['spiːʁitʊs]
ervas (f pl) medicinais	Heilkraut (n)	['haɪlˌkʁaʊt]
de ervas (chá ~)	Kräuter-	['kʁɔɪtɐ]

HABITAT HUMANO

Cidade

53. Cidade. Vida na cidade

cidade (f)	Stadt (f)	[ʃtat]
capital (f)	Hauptstadt (f)	['haʊptˌʃtat]
aldeia (f)	Dorf (n)	[dɔʁf]
mapa (m) da cidade	Stadtplan (m)	['ʃtatˌplaːn]
centro (m) da cidade	Stadtzentrum (n)	['ʃtatˌtsɛntʁʊm]
subúrbio (m)	Vorort (m)	['foːɐˌʔɔʁt]
suburbano (adj)	Vorort-	['foːɐˌʔɔʁt]
periferia (f)	Stadtrand (m)	['ʃtatˌʁant]
arredores (m pl)	Umgebung (f)	[ʊm'geːbʊŋ]
quarteirão (m)	Stadtviertel (n)	['ʃtatˌfɪʁtəl]
quarteirão (m) residencial	Wohnblock (m)	['voːnˌblɔk]
tráfego (m)	Straßenverkehr (m)	['ʃtʁaːsənˌfɛɐˌkeːɐ]
semáforo (m)	Ampel (f)	['ampəl]
transporte (m) público	Stadtverkehr (m)	['ʃtatˌfɛɐ'keːɐ]
cruzamento (m)	Straßenkreuzung (f)	['ʃtʁaːsənˌkʁɔɪtsʊŋ]
faixa (f)	Übergang (m)	['yːbɐˌgaŋ]
túnel (m) subterrâneo	Fußgängerunterführung (f)	['fuːsˌgɛŋɐ·ʊntɐ'fyːʁʊŋ]
cruzar, atravessar (vt)	überqueren (vt)	[yːbɐ'kveːʁən]
pedestre (m)	Fußgänger (m)	['fuːsˌgɛŋɐ]
calçada (f)	Gehweg (m)	['geːˌveːk]
ponte (f)	Brücke (f)	['bʁʏkə]
margem (f) do rio	Kai (m)	[kaɪ]
fonte (f)	Springbrunnen (m)	['ʃpʁɪŋˌbʁʊnən]
alameda (f)	Allee (f)	[a'leː]
parque (m)	Park (m)	[paʁk]
bulevar (m)	Boulevard (m)	[buleˈvaːɐ]
praça (f)	Platz (m)	[plats]
avenida (f)	Avenue (f)	[avə'nyː]
rua (f)	Straße (f)	['ʃtʁaːsə]
travessa (f)	Gasse (f)	['gasə]
beco (m) sem saída	Sackgasse (f)	['zakˌgasə]
casa (f)	Haus (n)	[haʊs]
edifício, prédio (m)	Gebäude (n)	[gə'bɔɪdə]
arranha-céu (m)	Wolkenkratzer (m)	['vɔlkənˌkʁatsɐ]
fachada (f)	Fassade (f)	[fa'saːdə]
telhado (m)	Dach (n)	[daχ]

janela (f)	Fenster (n)	['fɛnstɐ]
arco (m)	Bogen (m)	['bo:gən]
coluna (f)	Säule (f)	['zɔɪlə]
esquina (f)	Ecke (f)	['ɛkə]

vitrine (f)	Schaufenster (n)	['ʃaʊˌfɛnstɐ]
letreiro (m)	Firmenschild (n)	['fɪʁmənˌʃɪlt]
cartaz (do filme, etc.)	Anschlag (m)	['anˌʃla:k]
cartaz (m) publicitário	Werbeposter (m)	['vɛʁbəˌpo:stɐ]
painel (m) publicitário	Werbeschild (n)	['vɛʁbəˌʃɪlt]

lixo (m)	Müll (m)	[mʏl]
lata (f) de lixo	Mülleimer (m)	['mʏlˌʔaɪmɐ]
jogar lixo na rua	Abfall wegwerfen	['apfal 'vɛkˌvɛʁfən]
aterro (m) sanitário	Mülldeponie (f)	['mʏl·depoˌni:]

orelhão (m)	Telefonzelle (f)	[teleˈfo:nˌtsɛlə]
poste (m) de luz	Straßenlaterne (f)	['ʃtʁa:sən·laˌtɛʁnə]
banco (m)	Bank (f)	[baŋk]

polícia (m)	Polizist (m)	[poliˈtsɪst]
polícia (instituição)	Polizei (f)	[ˌpoliˈtsaɪ]
mendigo, pedinte (m)	Bettler (m)	['bɛtlɐ]
desabrigado (m)	Obdachlose (m)	['ɔpdaχˌlo:zə]

54. Instituições urbanas

loja (f)	Laden (m)	['la:dən]
drogaria (f)	Apotheke (f)	[apoˈte:kə]
ótica (f)	Optik (f)	['ɔptɪk]
centro (m) comercial	Einkaufszentrum (n)	['aɪnkaʊfsˌtsɛntʁʊm]
supermercado (m)	Supermarkt (m)	['zu:pɐˌmaʁkt]

padaria (f)	Bäckerei (f)	[ˌbɛkəˈʁaɪ]
padeiro (m)	Bäcker (m)	['bɛkɐ]
pastelaria (f)	Konditorei (f)	[ˌkɔnditoˈʁaɪ]
mercearia (f)	Lebensmittelladen (m)	['le:bənsˌmɪtəl·la:dən]
açougue (m)	Metzgerei (f)	[mɛtsgəˈʁaɪ]

fruteira (f)	Gemüseladen (m)	[gəˈmy:zəˌla:dən]
mercado (m)	Markt (m)	[maʁkt]

cafeteria (f)	Kaffeehaus (n)	[kaˈfe:ˌhaʊs]
restaurante (m)	Restaurant (n)	[ʁɛstoˈʁaŋ]
bar (m)	Bierstube (f)	['bi:ɐˌʃtu:bə]
pizzaria (f)	Pizzeria (f)	[pɪtseˈʁi:a]

salão (m) de cabeleireiro	Friseursalon (m)	[fʁiˈzø:ɐ·zaˌlɔŋ]
agência (f) dos correios	Post (f)	[pɔst]
lavanderia (f)	chemische Reinigung (f)	[çeˑmiʃə 'ʁaɪnɪgʊŋ]
estúdio (m) fotográfico	Fotostudio (n)	['fotoˌʃtu:dɪo]

sapataria (f)	Schuhgeschäft (n)	['ʃu:gəˌʃɛft]
livraria (f)	Buchhandlung (f)	['bu:χˌhandlʊŋ]

loja (f) de artigos esportivos	Sportgeschäft (n)	[ˈʃpɔʁtˈɡəˈʃɛft]
costureira (m)	Kleiderreparatur (f)	[ˈklaɪdəˌʁepaʁaˈtuːɐ]
aluguel (m) de roupa	Bekleidungsverleih (m)	[bəˈklaɪdʊŋsˈfɛɐˈlaɪ]
videolocadora (f)	Videothek (f)	[videoˈteːk]

circo (m)	Zirkus (m)	[ˈtsɪʁkʊs]
jardim (m) zoológico	Zoo (m)	[ˈtsoː]
cinema (m)	Kino (n)	[ˈkiːno]
museu (m)	Museum (n)	[muˈzeːʊm]
biblioteca (f)	Bibliothek (f)	[biblioˈteːk]

teatro (m)	Theater (n)	[teˈaːtɐ]
ópera (f)	Opernhaus (n)	[ˈoːpɐnˌhaʊs]
boate (casa noturna)	Nachtklub (m)	[ˈnaxtˌklʊp]
cassino (m)	Kasino (n)	[kaˈziːno]

mesquita (f)	Moschee (f)	[mɔˈʃeː]
sinagoga (f)	Synagoge (f)	[zynaˈɡoːɡə]
catedral (f)	Kathedrale (f)	[kateˈdʁaːlə]
templo (m)	Tempel (m)	[ˈtɛmpəl]
igreja (f)	Kirche (f)	[ˈkɪʁçə]

faculdade (f)	Institut (n)	[ɪnstiˈtuːt]
universidade (f)	Universität (f)	[univɛʁziˈtɛːt]
escola (f)	Schule (f)	[ˈʃuːlə]

prefeitura (f)	Präfektur (f)	[pʁɛfɛkˈtuːɐ]
câmara (f) municipal	Rathaus (n)	[ˈʁaːtˌhaʊs]
hotel (m)	Hotel (n)	[hoˈtɛl]
banco (m)	Bank (f)	[baŋk]

embaixada (f)	Botschaft (f)	[ˈboːtʃaft]
agência (f) de viagens	Reisebüro (n)	[ˈʁaɪzəˈbyˌʁoː]
agência (f) de informações	Informationsbüro (n)	[ɪnfoʁmaˈtsjoːns·byˌʁoː]
casa (f) de câmbio	Wechselstube (f)	[ˈvɛksəlˌʃtuːbə]

metrô (m)	U-Bahn (f)	[ˈuːbaːn]
hospital (m)	Krankenhaus (n)	[ˈkʁaŋkənˌhaʊs]

posto (m) de gasolina	Tankstelle (f)	[ˈtaŋkˌʃtɛlə]
parque (m) de estacionamento	Parkplatz (m)	[ˈpaʁkˌplats]

55. Sinais

letreiro (m)	Firmenschild (n)	[ˈfɪʁmənˌʃɪlt]
aviso (m)	Aufschrift (f)	[ˈaʊfˌʃʁɪft]
cartaz, pôster (m)	Plakat (n)	[plaˈkaːt]
placa (f) de direção	Wegweiser (m)	[ˈvɛkˌvaɪzɐ]
seta (f)	Pfeil (m)	[pfaɪl]

aviso (advertência)	Vorsicht (f)	[ˈfoːɐˌzɪçt]
sinal (m) de aviso	Warnung (f)	[ˈvaʁnʊŋ]
avisar, advertir (vt)	warnen (vt)	[ˈvaʁnən]
dia (m) de folga	freier Tag (m)	[ˈfʁaɪɐ taːk]

horário (~ dos trens, etc.)	**Fahrplan** (m)	['fa:ɐˌpla:n]
horário (m)	**Öffnungszeiten** (pl)	['œfnʊŋsˌtsaɪtən]
BEM-VINDOS!	**HERZLICH WILLKOMMEN!**	['hɛʁtslɪç vɪl'kɔmən]
ENTRADA	**EINGANG**	['aɪnˌgaŋ]
SAÍDA	**AUSGANG**	['aʊsˌgaŋ]
EMPURRE	**DRÜCKEN**	['dʀʏkən]
PUXE	**ZIEHEN**	['tsi:ən]
ABERTO	**GEÖFFNET**	[gə'ʔœfnət]
FECHADO	**GESCHLOSSEN**	[gə'ʃlɔsən]
MULHER	**DAMEN, FRAUEN**	['da:mən], ['fʀaʊən]
HOMEM	**HERREN, MÄNNER**	['hɛʀən], ['mɛnə]
DESCONTOS	**AUSVERKAUF**	['aʊsfɛɐˌkaʊf]
SALDOS, PROMOÇÃO	**REDUZIERT**	[ʀedu'tsi:ɐt]
NOVIDADE!	**NEU!**	[nɔɪ]
GRÁTIS	**GRATIS**	['gʀa:tɪs]
ATENÇÃO!	**ACHTUNG!**	['aχtʊŋ]
NÃO HÁ VAGAS	**ZIMMER BELEGT**	['tsɪmɐ bə'le:kt]
RESERVADO	**RESERVIERT**	[ʀezɛʁ'vi:ɐt]
ADMINISTRAÇÃO	**VERWALTUNG**	[fɛɐ'valtʊŋ]
SOMENTE PESSOAL AUTORIZADO	**NUR FÜR PERSONAL**	[nu:ɐ fy:ɐ pɛʁzo'na:l]
CUIDADO CÃO FEROZ	**VORSICHT BISSIGER HUND**	['fo:ɐˌzɪçt 'bɪsɪgɐ hʊnt]
PROIBIDO FUMAR!	**RAUCHEN VERBOTEN!**	['ʀaʊχən fɛɐ'bo:tən]
NÃO TOCAR	**BITTE NICHT BERÜHREN**	['bɪtə nɪçt bə'ʀy:ʀən]
PERIGOSO	**GEFÄHRLICH**	[gə'fɛ:ɐlɪç]
PERIGO	**VORSICHT!**	['fo:ɐˌzɪçt]
ALTA TENSÃO	**HOCHSPANNUNG**	['ho:χˌʃpanʊŋ]
PROIBIDO NADAR	**BADEN VERBOTEN**	['ba:dən fɛɐ'bo:tən]
COM DEFEITO	**AUßER BETRIEB**	[ˌaʊsə bə'tʀi:p]
INFLAMÁVEL	**LEICHTENTZÜNDLICH**	['laɪçtʔɛn'tsʏntlɪç]
PROIBIDO	**VERBOTEN**	[fɛɐ'bo:tən]
ENTRADA PROIBIDA	**DURCHGANG VERBOTEN**	['dʊʁçˌgaŋ fɛɐ'bo:tən]
CUIDADO TINTA FRESCA	**FRISCH GESTRICHEN**	[fʀɪʃ gə'ʃtʀɪçən]

56. Transportes urbanos

ônibus (m)	**Bus** (m)	[bʊs]
bonde (m) elétrico	**Straßenbahn** (f)	['ʃtʀa:sənˌba:n]
trólebus (m)	**Obus** (m)	['o:bʊs]
rota (f), itinerário (m)	**Linie** (f)	['li:niə]
número (m)	**Nummer** (f)	['nʊmɐ]
ir de ... (carro, etc.)	**mit ... fahren**	[mɪt ... 'fa:ʀən]
entrar no ...	**einsteigen** (vi)	['aɪnˌʃtaɪgən]

descer do ...	aussteigen (vi)	['aʊsˌʃtaɪɡən]
parada (f)	Haltestelle (f)	['haltəˌʃtɛlə]
próxima parada (f)	nächste Haltestelle (f)	['nɛːçstə 'haltəˌʃtɛlə]
terminal (m)	Endhaltestelle (f)	['ɛntˌhaltəʃtɛlə]
horário (m)	Fahrplan (m)	['faːɐˌplaːn]
esperar (vt)	warten (vi, vt)	['vaʁtən]

passagem (f)	Fahrkarte (f)	['faːɐˌkaʁtə]
tarifa (f)	Fahrpreis (m)	['faːɐˌpʀaɪs]

bilheteiro (m)	Kassierer (m)	[ka'siːʀɐ]
controle (m) de passagens	Fahrkartenkontrolle (f)	['faːɐˌkaʁtən·kɔn'tʀɔlə]
revisor (m)	Kontrolleur (m)	[kɔntʀɔ'løːɐ]

atrasar-se (vr)	sich verspäten	[zɪç fɛɐ'ʃpɛːtən]
perder (o autocarro, etc.)	versäumen (vt)	[fɛɐ'zɔɪmən]
estar com pressa	sich beeilen	[zɪç bə'ʔaɪlən]

táxi (m)	Taxi (n)	['taksi]
taxista (m)	Taxifahrer (m)	['taksiˌfaːʀɐ]
de táxi (ir ~)	mit dem Taxi	[mɪt dem 'taksi]
ponto (m) de táxis	Taxistand (m)	['taksiˌʃtant]
chamar um táxi	ein Taxi rufen	[aɪn 'taksi 'ʀuːfən]
pegar um táxi	ein Taxi nehmen	[aɪn 'taksi 'neːmən]

tráfego (m)	Straßenverkehr (m)	['ʃtʀaːsən·fɛɐˌkeːɐ]
engarrafamento (m)	Stau (m)	[ʃtaʊ]
horas (f pl) de pico	Hauptverkehrszeit (f)	['haʊpt·fɛɐ'keːɐsˌtsaɪt]
estacionar (vi)	parken (vi)	['paʁkən]
estacionar (vt)	parken (vt)	['paʁkən]
parque (m) de estacionamento	Parkplatz (m)	['paʁkˌplats]

metrô (m)	U-Bahn (f)	['uːbaːn]
estação (f)	Station (f)	[ʃta'tsjoːn]
ir de metrô	mit der U-Bahn fahren	[mɪt deːɐ 'uːbaːn 'faːʀən]
trem (m)	Zug (m)	[tsuːk]
estação (f) de trem	Bahnhof (m)	['baːnˌhoːf]

57. Turismo

monumento (m)	Denkmal (n)	['dɛŋkˌmaːl]
fortaleza (f)	Festung (f)	['fɛstʊŋ]
palácio (m)	Palast (m)	[pa'last]
castelo (m)	Schloss (n)	[ʃlɔs]
torre (f)	Turm (m)	[tʊʁm]
mausoléu (m)	Mausoleum (n)	[ˌmaʊzo'leːʊm]

arquitetura (f)	Architektur (f)	[aʁçitɛk'tuːɐ]
medieval (adj)	mittelalterlich	['mɪtəlˌʔaltɐlɪç]
antigo (adj)	alt	[alt]
nacional (adj)	national	[natsjɔ'naːl]
famoso, conhecido (adj)	berühmt	[bə'ʀyːmt]
turista (m)	Tourist (m)	[tu'ʀɪst]
guia (pessoa)	Fremdenführer (m)	['fʀɛmdənˌfyːʀɐ]

excursão (f)	**Ausflug** (m)	['aʊsˌfluːk]
mostrar (vt)	**zeigen** (vt)	['tsaɪɡən]
contar (vt)	**erzählen** (vt)	[ɛɐ̯'tsɛːlən]

encontrar (vt)	**finden** (vt)	['fɪndən]
perder-se (vr)	**sich verlieren**	[zɪç fɛɐ̯'liːbən]
mapa (~ do metrô)	**Karte** (f)	['kaʁtə]
mapa (~ da cidade)	**Karte** (f)	['kaʁtə]

lembrança (f), presente (m)	**Souvenir** (n)	[zuvəˌniːɐ̯]
loja (f) de presentes	**Souvenirladen** (m)	[zuvəˌniːɐ̯'laːdən]
tirar fotos, fotografar	**fotografieren** (vt)	[fotogʁa'fiːʁən]
fotografar-se (vr)	**sich fotografieren**	[zɪç fotogʁa'fiːʁən]

58. Compras

comprar (vt)	**kaufen** (vt)	['kaufən]
compra (f)	**Einkauf** (m)	['aɪnˌkaʊf]
fazer compras	**einkaufen gehen**	['aɪnˌkaʊfən 'ɡeːən]
compras (f pl)	**Einkaufen** (n)	['aɪnˌkaʊfən]

estar aberta (loja)	**offen sein**	['ɔfən zaɪn]
estar fechada	**zu sein**	[tsu zaɪn]

calçado (m)	**Schuhe** (pl)	['ʃuːə]
roupa (f)	**Kleidung** (f)	['klaɪdʊŋ]
cosméticos (m pl)	**Kosmetik** (f)	[kɔs'meːtɪk]
alimentos (m pl)	**Lebensmittel** (pl)	['leːbənsˌmɪtəl]
presente (m)	**Geschenk** (n)	[ɡə'ʃɛŋk]

vendedor (m)	**Verkäufer** (m)	[fɛɐ̯'kɔɪfə]
vendedora (f)	**Verkäuferin** (f)	[fɛɐ̯'kɔɪfəʁɪn]

caixa (f)	**Kasse** (f)	['kasə]
espelho (m)	**Spiegel** (m)	['ʃpiːɡəl]
balcão (m)	**Ladentisch** (m)	['laːdənˌtɪʃ]
provador (m)	**Umkleidekabine** (f)	['ʊmklaɪdə·kaˌbiːnə]

provar (vt)	**anprobieren** (vt)	['anpʁoˌbiːʁən]
servir (roupa, caber)	**passen** (vi)	['pasən]
gostar (apreciar)	**gefallen** (vi)	[ɡə'falən]

preço (m)	**Preis** (m)	[pʁaɪs]
etiqueta (f) de preço	**Preisschild** (n)	['pʁaɪsˌʃɪlt]
custar (vt)	**kosten** (vt)	['kɔstən]
Quanto?	**Wie viel?**	['viː fiːl]
desconto (m)	**Rabatt** (m)	[ʁa'bat]

não caro (adj)	**preiswert**	['pʁaɪsˌveːɐ̯t]
barato (adj)	**billig**	['bɪlɪç]
caro (adj)	**teuer**	['tɔɪɐ]
É caro	**Das ist teuer**	[das is 'tɔɪɐ]
aluguel (m)	**Verleih** (m)	[fɛɐ̯'laɪ]
alugar (roupas, etc.)	**ausleihen** (vt)	['aʊsˌlaɪən]

| crédito (m) | Kredit (m), Darlehen (n) | [kʀeˈdiːt], [ˈdaʀˌleːən] |
| a crédito | auf Kredit | [aʊf kʀeˈdiːt] |

59. Dinheiro

dinheiro (m)	Geld (n)	[gɛlt]
câmbio (m)	Austausch (m)	[ˈaʊsˌtaʊʃ]
taxa (f) de câmbio	Kurs (m)	[kuʀs]
caixa (m) eletrônico	Geldautomat (m)	[ˈgɛltʔaʊtoˌmaːt]
moeda (f)	Münze (f)	[ˈmʏntsə]

| dólar (m) | Dollar (m) | [ˈdɔlaʀ] |
| euro (m) | Euro (m) | [ˈɔɪʀo] |

lira (f)	Lira (f)	[ˈliːʀa]
marco (m)	Mark (f)	[maʀk]
franco (m)	Franken (m)	[ˈfʀaŋkən]
libra (f) esterlina	Pfund Sterling (n)	[pfʊnt ˈʃtɛʀlɪŋ]
iene (m)	Yen (m)	[jɛn]

dívida (f)	Schulden (pl)	[ˈʃʊldən]
devedor (m)	Schuldner (m)	[ˈʃʊldnɐ]
emprestar (vt)	leihen (vt)	[ˈlaɪən]
pedir emprestado	ausleihen (vt)	[ˈaʊsˌlaɪən]

banco (m)	Bank (f)	[baŋk]
conta (f)	Konto (n)	[ˈkɔnto]
depositar (vt)	einzahlen (vt)	[ˈaɪnˌtsaːlən]
depositar na conta	auf ein Konto einzahlen	[aʊf aɪn ˈkɔnto ˈaɪnˌtsaːlən]
sacar (vt)	abheben (vt)	[ˈapˌheːbən]

cartão (m) de crédito	Kreditkarte (f)	[kʀeˈdiːtˌkaʀtə]
dinheiro (m) vivo	Bargeld (n)	[ˈbaːɐ̯ˌgɛlt]
cheque (m)	Scheck (m)	[ʃɛk]
passar um cheque	einen Scheck schreiben	[ˈaɪnən ʃɛk ˈʃʀaɪbn]
talão (m) de cheques	Scheckbuch (n)	[ˈʃɛkˌbuːx]

carteira (f)	Geldtasche (f)	[ˈgɛltˌtaʃə]
niqueleira (f)	Geldbeutel (m)	[ˈgɛltˌbɔɪtəl]
cofre (m)	Safe (m)	[sɛɪf]

herdeiro (m)	Erbe (m)	[ˈɛʀbə]
herança (f)	Erbschaft (f)	[ˈɛʀpʃaft]
fortuna (riqueza)	Vermögen (n)	[fɛɐ̯ˈmøːgən]

arrendamento (m)	Pacht (f)	[paxt]
aluguel (pagar o ~)	Miete (f)	[ˈmiːtə]
alugar (vt)	mieten (vt)	[ˈmiːtən]

preço (m)	Preis (m)	[pʀaɪs]
custo (m)	Kosten (pl)	[ˈkɔstən]
soma (f)	Summe (f)	[ˈzʊmə]
gastar (vt)	ausgeben (vt)	[ˈaʊsˌgeːbən]
gastos (m pl)	Ausgaben (pl)	[ˈaʊsˌgaːbən]

| economizar (vi) | sparen (vt) | ['ʃpaːʀən] |
| econômico (adj) | sparsam | ['ʃpaːɐzaːm] |

pagar (vt)	zahlen (vt)	['tsaːlən]
pagamento (m)	Lohn (m)	[loːn]
troco (m)	Wechselgeld (n)	['vɛksəlˌgɛlt]

imposto (m)	Steuer (f)	['ʃtɔɪɐ]
multa (f)	Geldstrafe (f)	['gɛltˌʃtʀaːfə]
multar (vt)	bestrafen (vt)	[bə'ʃtʀaːfən]

60. Correios. Serviço postal

agência (f) dos correios	Post (f)	[pɔst]
correio (m)	Post (f)	[pɔst]
carteiro (m)	Briefträger (m)	['bʀiːfˌtʀɛːgɐ]
horário (m)	Öffnungszeiten (pl)	['œfnʊŋsˌtsaɪtən]

carta (f)	Brief (m)	[bʀiːf]
carta (f) registada	Einschreibebrief (m)	['aɪnʃʀaɪbəˌbʀiːf]
cartão (m) postal	Postkarte (f)	['pɔstˌkaʁtə]
telegrama (m)	Telegramm (n)	[tele'gʀam]
encomenda (f)	Postpaket (n)	['pɔst·pa'keːt]
transferência (f) de dinheiro	Geldanweisung (f)	['gɛltˌanvaɪzʊŋ]

receber (vt)	bekommen (vt)	[bə'kɔmən]
enviar (vt)	abschicken (vt)	['apˌʃɪkən]
envio (m)	Absendung (f)	['apˌzɛndʊŋ]

endereço (m)	Postanschrift (f)	['pɔstˌanʃʀɪft]
código (m) postal	Postleitzahl (f)	['pɔstlaɪtˌtsaːl]
remetente (m)	Absender (m)	['apˌzɛndɐ]
destinatário (m)	Empfänger (m)	[ɛm'pfɛŋɐ]

| nome (m) | Vorname (m) | ['foːɐˌnaːmə] |
| sobrenome (m) | Nachname (m) | ['naːxˌnaːmə] |

tarifa (f)	Tarif (m)	[ta'ʀiːf]
ordinário (adj)	Standard-	['standaʁt]
econômico (adj)	Spar-	['ʃpaːɐ]

peso (m)	Gewicht (n)	[gə'vɪçt]
pesar (estabelecer o peso)	abwiegen (vt)	['apˌviːgən]
envelope (m)	Briefumschlag (m)	['bʀiːfʔʊmˌʃlaːk]
selo (m) postal	Briefmarke (f)	['bʀiːfˌmaʁkə]
colar o selo	Briefmarke aufkleben	['bʀiːfˌmaʁkə 'aʊfˌkleːbən]

Moradia. Casa. Lar

61. Casa. Eletricidade

eletricidade (f)	Elektrizität (f)	[elɛktʁitsi'tɛ:t]
lâmpada (f)	Glühbirne (f)	['gly:ˌbɪʁnə]
interruptor (m)	Schalter (m)	['ʃaltɐ]
fusível, disjuntor (m)	Sicherung (f)	['zɪçɐʁʊŋ]
fio, cabo (m)	Draht (m)	[dʀa:t]
instalação (f) elétrica	Leitung (f)	['laɪtʊŋ]
medidor (m) de eletricidade	Stromzähler (m)	['ʃtʀo:mˌtsɛ:lɐ]
indicação (f), registro (m)	Zählerstand (m)	['tsɛ:lɐʃtant]

62. Moradia. Mansão

casa (f) de campo	Landhaus (n)	['lantˌhaʊs]
vila (f)	Villa (f)	['vɪla]
ala (~ do edifício)	Flügel (m)	['fly:gəl]
jardim (m)	Garten (m)	['gaʁtən]
parque (m)	Park (m)	[paʁk]
estufa (f)	Orangerie (f)	[oʀaŋʒə'ʀi:]
cuidar de ...	pflegen (vt)	['pfle:gən]
piscina (f)	Schwimmbad (n)	['ʃvɪmba:t]
academia (f) de ginástica	Kraftraum (m)	['kʀaftˌʀaʊm]
quadra (f) de tênis	Tennisplatz (m)	['tɛnɪsˌplats]
cinema (m)	Heimkinoraum (m)	['haɪmki:noˌʀaʊm]
garagem (f)	Garage (f)	[ga'ʀa:ʒə]
propriedade (f) privada	Privateigentum (n)	[pʀi'va:tˌʔaɪgəntu:m]
terreno (m) privado	Privatgrundstück (n)	[pʀi'va:tˌgʀʊntʃtʏk]
advertência (f)	Warnung (f)	['vaʁnʊŋ]
sinal (m) de aviso	Warnschild (n)	['vaʁnˌʃɪlt]
guarda (f)	Bewachung (f)	[bə'vaχʊŋ]
guarda (m)	Wächter (m)	['vɛçtɐ]
alarme (m)	Alarmanlage (f)	[a'laʁm·anˌla:gə]

63. Apartamento

apartamento (m)	Wohnung (f)	['vo:nʊŋ]
quarto, cômodo (m)	Zimmer (n)	['tsɪmɐ]
quarto (m) de dormir	Schlafzimmer (n)	['ʃla:fˌtsɪmɐ]

sala (f) de jantar	Esszimmer (n)	['ɛs͵tsɪmɐ]
sala (f) de estar	Wohnzimmer (n)	['vo:n͵tsɪmɐ]
escritório (m)	Arbeitszimmer (n)	['aʁbaɪts͵tsɪmɐ]

sala (f) de entrada	Vorzimmer (n)	['fo:ɐ͵tsɪmɐ]
banheiro (m)	Badezimmer (n)	['ba:də͵tsɪmɐ]
lavabo (m)	Toilette (f)	[toa'lɛtə]

teto (m)	Decke (f)	['dɛkə]
chão, piso (m)	Fußboden (m)	['fu:s͵bo:dən]
canto (m)	Ecke (f)	['ɛkɐ]

64. Mobiliário. Interior

mobiliário (m)	Möbel (n)	['mø:bəl]
mesa (f)	Tisch (m)	[tɪʃ]
cadeira (f)	Stuhl (m)	[ʃtu:l]
cama (f)	Bett (n)	[bɛt]

| sofá, divã (m) | Sofa (n) | ['zo:fa] |
| poltrona (f) | Sessel (m) | ['zɛsəl] |

| estante (f) | Bücherschrank (m) | ['by:çɐʃʁaŋk] |
| prateleira (f) | Regal (n) | [ʁe'ga:l] |

guarda-roupas (m)	Schrank (m)	[ʃʁaŋk]
cabide (m) de parede	Hakenleiste (f)	['ha:kən͵laɪstə]
cabideiro (m) de pé	Kleiderständer (m)	['klaɪdɐʃtɛndɐ]

| cômoda (f) | Kommode (f) | [kɔ'mo:də] |
| mesinha (f) de centro | Couchtisch (m) | ['kaʊtʃ͵tɪʃ] |

espelho (m)	Spiegel (m)	['ʃpi:gəl]
tapete (m)	Teppich (m)	['tɛpɪç]
tapete (m) pequeno	Matte (f)	['matə]

lareira (f)	Kamin (m)	[ka'mi:n]
vela (f)	Kerze (f)	['kɛʁtsə]
castiçal (m)	Kerzenleuchter (m)	['kɛʁtsən͵lɔɪçtɐ]

cortinas (f pl)	Vorhänge (pl)	['fo:ɐhɛŋə]
papel (m) de parede	Tapete (f)	[ta'pe:tə]
persianas (f pl)	Jalousie (f)	[ʒalu'zi:]

| luminária (f) de mesa | Tischlampe (f) | ['tɪʃ͵lampə] |
| luminária (f) de parede | Leuchte (f) | ['lɔɪçtə] |

| abajur (m) de pé | Stehlampe (f) | ['ʃte:͵lampə] |
| lustre (m) | Kronleuchter (m) | ['kʁo:n͵lɔɪçtɐ] |

pé (de mesa, etc.)	Bein (n)	[baɪn]
braço, descanso (m)	Armlehne (f)	['aʁm͵le:nə]
costas (f pl)	Lehne (f)	['le:nə]
gaveta (f)	Schublade (f)	['ʃu:p͵la:də]

65. Quarto de dormir

roupa (f) de cama	Bettwäsche (f)	[ˈbɛtˌvɛʃə]
travesseiro (m)	Kissen (n)	[ˈkɪsən]
fronha (f)	Kissenbezug (m)	[ˈkɪsən·bəˌtsuːk]
cobertor (m)	Bettdecke (f)	[ˈbɛtˌdɛkə]
lençol (m)	Laken (n)	[ˈlaːkən]
colcha (f)	Tagesdecke (f)	[ˈtaːgəsˌdɛkə]

66. Cozinha

cozinha (f)	Küche (f)	[ˈkʏçə]
gás (m)	Gas (n)	[gaːs]
fogão (m) a gás	Gasherd (m)	[ˈgaːsˌheːɐt]
fogão (m) elétrico	Elektroherd (m)	[eˈlɛktʀoˌheːɐt]
forno (m)	Backofen (m)	[ˈbakˌʔoːfən]
forno (m) de micro-ondas	Mikrowellenherd (m)	[ˈmikʀovɛlənˌheːɐt]

geladeira (f)	Kühlschrank (m)	[ˈkyːlˌʃʀaŋk]
congelador (m)	Tiefkühltruhe (f)	[ˈtiːfkyːlˌtʀuːə]
máquina (f) de lavar louça	Geschirrspülmaschine (f)	[gəˈʃɪʁˈʃpyːl·maˌʃiːnə]

moedor (m) de carne	Fleischwolf (m)	[ˈflaɪʃvɔlf]
espremedor (m)	Saftpresse (f)	[ˈzaftˌpʀɛsə]
torradeira (f)	Toaster (m)	[ˈtoːstɐ]
batedeira (f)	Mixer (m)	[ˈmɪksɐ]

máquina (f) de café	Kaffeemaschine (f)	[ˈkafe·maˌʃiːnə]
cafeteira (f)	Kaffeekanne (f)	[ˈkafeˌkanə]
moedor (m) de café	Kaffeemühle (f)	[ˈkafeˌmyːlə]

chaleira (f)	Wasserkessel (m)	[ˈvasɐˌkɛsəl]
bule (m)	Teekanne (f)	[ˈteːˌkanə]
tampa (f)	Deckel (m)	[ˈdɛkəl]
coador (m) de chá	Teesieb (n)	[ˈteːˌziːp]

colher (f)	Löffel (m)	[ˈlœfəl]
colher (f) de chá	Teelöffel (m)	[ˈteːˌlœfəl]
colher (f) de sopa	Esslöffel (m)	[ˈɛsˌlœfəl]
garfo (m)	Gabel (f)	[ˈgaːbəl]
faca (f)	Messer (n)	[ˈmɛsɐ]

louça (f)	Geschirr (n)	[gəˈʃɪʁ]
prato (m)	Teller (m)	[ˈtɛlɐ]
pires (m)	Untertasse (f)	[ˈʊntɐˌtasə]

cálice (m)	Schnapsglas (n)	[ˈʃnapsˌglaːs]
copo (m)	Glas (n)	[glaːs]
xícara (f)	Tasse (f)	[ˈtasə]

açucareiro (m)	Zuckerdose (f)	[ˈtsʊkɐˌdoːzə]
saleiro (m)	Salzstreuer (m)	[ˈzaltsˌʃtʀɔɪɐ]
pimenteiro (m)	Pfefferstreuer (m)	[ˈpfɛfɐˌʃtʀɔɪɐ]

manteigueira (f)	Butterdose (f)	['bʊtɐˌdoːzə]
panela (f)	Kochtopf (m)	['kɔχˌtɔpf]
frigideira (f)	Pfanne (f)	['pfanə]
concha (f)	Schöpflöffel (m)	['ʃœpfˌlœfəl]
coador (m)	Durchschlag (m)	['dʊʁçʃlaːk]
bandeja (f)	Tablett (n)	[ta'blɛt]

garrafa (f)	Flasche (f)	['flaʃə]
pote (m) de vidro	Einmachglas (n)	['aɪnmaχˌglaːs]
lata (~ de cerveja)	Dose (f)	['doːzə]

abridor (m) de garrafa	Flaschenöffner (m)	['flaʃənˌʔœfnɐ]
abridor (m) de latas	Dosenöffner (m)	['doːzənˌʔœfnɐ]
saca-rolhas (m)	Korkenzieher (m)	['kɔʁkənˌtsiːɐ]
filtro (m)	Filter (n)	['fɪltɐ]
filtrar (vt)	filtern (vt)	['fɪltɐn]

| lixo (m) | Müll (m) | [mʏl] |
| lixeira (f) | Mülleimer (m) | ['mʏlˌʔaɪmɐ] |

67. Casa de banho

banheiro (m)	Badezimmer (n)	['baːdəˌtsɪmɐ]
água (f)	Wasser (n)	['vasɐ]
torneira (f)	Wasserhahn (m)	['vasɐˌhaːn]
água (f) quente	Warmwasser (n)	['vaʁmˌvasɐ]
água (f) fria	Kaltwasser (n)	['kaltˌvasɐ]

pasta (f) de dente	Zahnpasta (f)	['tsaːnˌpasta]
escovar os dentes	Zähne putzen	['tsɛːnə 'pʊtsən]
escova (f) de dente	Zahnbürste (f)	['tsaːnˌbʏʁstə]

barbear-se (vr)	sich rasieren	[zɪç ʁa'ziːʁən]
espuma (f) de barbear	Rasierschaum (m)	[ʁa'ziːɐˌʃaʊm]
gilete (f)	Rasierer (m)	[ʁa'ziːʁɐ]

lavar (vt)	waschen (vt)	['vaʃən]
tomar banho	sich waschen	[zɪç 'vaʃən]
chuveiro (m), ducha (f)	Dusche (f)	['duːʃə]
tomar uma ducha	sich duschen	[zɪç 'duːʃən]

banheira (f)	Badewanne (f)	['baːdəˌvanə]
vaso (m) sanitário	Klosettbecken (n)	[klo'zɛtˌbɛkən]
pia (f)	Waschbecken (n)	['vaʃˌbɛkən]

| sabonete (m) | Seife (f) | ['zaɪfə] |
| saboneteira (f) | Seifenschale (f) | ['zaɪfənˌʃaːlə] |

esponja (f)	Schwamm (m)	[ʃvam]
xampu (m)	Shampoo (n)	['ʃampu]
toalha (f)	Handtuch (n)	['hantˌtuːχ]
roupão (m) de banho	Bademantel (m)	['baːdəˌmantəl]
lavagem (f)	Wäsche (f)	['vɛʃə]
lavadora (f) de roupas	Waschmaschine (f)	['vaʃˌmaʃiːnə]

| lavar a roupa | waschen (vt) | ['vaʃən] |
| detergente (m) | Waschpulver (n) | ['vaʃˌpʊlvɐ] |

68. Eletrodomésticos

televisor (m)	Fernseher (m)	['fɛʁnˌzeːɐ]
gravador (m)	Tonbandgerät (n)	['toːnbant·gəˌʁɛːt]
videogravador (m)	Videorekorder (m)	['video·ʁeˌkɔʁdɐ]
rádio (m)	Empfänger (m)	[ɛm'pfɛŋɐ]
leitor (m)	Player (m)	['plɛɪɐ]

projetor (m)	Videoprojektor (m)	['vi:deo·pʁojɛkto:ɐ]
cinema (m) em casa	Heimkino (n)	['haɪmki:no]
DVD Player (m)	DVD-Player (m)	[defaʊ'de:ˌplɛɪɐ]
amplificador (m)	Verstärker (m)	[fɛɐ'ʃtɛʁkɐ]
console (f) de jogos	Spielkonsole (f)	['ʃpi:l·kɔnˌzo:lə]

câmera (f) de vídeo	Videokamera (f)	['vi:deoˌkaməʁa]
máquina (f) fotográfica	Kamera (f)	['kaməʁa]
câmera (f) digital	Digitalkamera (f)	[digi'ta:lˌkaməʁa]

aspirador (m)	Staubsauger (m)	['ʃtaʊpˌzaʊgɐ]
ferro (m) de passar	Bügeleisen (n)	['by:gəlˌʔaɪzən]
tábua (f) de passar	Bügelbrett (n)	['by:gəlˌbʁɛt]

telefone (m)	Telefon (n)	[tele'fo:n]
celular (m)	Mobiltelefon (n)	[mo'bi:l·teleˌfo:n]
máquina (f) de escrever	Schreibmaschine (f)	['ʃʁaɪp·maˌʃi:nə]
máquina (f) de costura	Nähmaschine (f)	['nɛːˌmaʃi:nə]

microfone (m)	Mikrophon (n)	[mikʁo'fo:n]
fone (m) de ouvido	Kopfhörer (m)	['kɔpfˌhøːʁɐ]
controle remoto (m)	Fernbedienung (f)	['fɛʁnbəˌdiːnʊŋ]

CD (m)	CD (f)	[tse:'de:]
fita (f) cassete	Kassette (f)	[ka'sɛtə]
disco (m) de vinil	Schallplatte (f)	['ʃalˌplatə]

ATIVIDADES HUMANAS

Emprego. Negócios. Parte 1

69. Escritório. O trabalho no escritório

escritório (~ de advogados)	Büro (n)	[by'ʀo:]
escritório (do diretor, etc.)	Büro (n)	[by'ʀo:]
recepção (f)	Rezeption (f)	[ʀetsɛp'tsjo:n]
secretário (m)	Sekretär (m)	[zekʀe'tɛ:ɐ]
secretária (f)	Sekretärin (f)	[zekʀe'tɛ:ʀɪn]
diretor (m)	Direktor (m)	[di'ʀɛkto:ɐ]
gerente (m)	Manager (m)	['mɛnɪdʒɐ]
contador (m)	Buchhalter (m)	['bu:χˌhaltɐ]
empregado (m)	Mitarbeiter (m)	['mɪt?aɐˌbaɪtɐ]
mobiliário (m)	Möbel (n)	['mø:bəl]
mesa (f)	Tisch (m)	[tɪʃ]
cadeira (f)	Schreibtischstuhl (m)	['ʃʀaɪptɪʃˌʃtu:l]
gaveteiro (m)	Rollcontainer (m)	['ʀɔl·kɔnˌte:nɐ]
cabideiro (m) de pé	Kleiderständer (m)	['klaɪdɐˌʃtɛndɐ]
computador (m)	Computer (m)	[kɔm'pju:tɐ]
impressora (f)	Drucker (m)	['dʀʊkɐ]
fax (m)	Fax (m, n)	[faks]
fotocopiadora (f)	Kopierer (m)	[ko'pi:ʀɐ]
papel (m)	Papier (n)	[pa'pi:ɐ]
artigos (m pl) de escritório	Büromaterial (n)	[by'ʀo:mateˌʀɪa:l]
tapete (m) para mouse	Mousepad (n)	['maʊspɛt]
folha (f)	Blatt (n) Papier	[blat pa'pi:ɐ]
pasta (f)	Ordner (m)	['ɔɐdnɐ]
catálogo (m)	Katalog (m)	[kata'lo:k]
lista (f) telefônica	Adressbuch (n)	[a'dʀɛsˌbu:χ]
documentação (f)	Dokumentation (f)	[dokumɛnta'tsjo:n]
brochura (f)	Broschüre (f)	[bʀɔ'ʃy:ʀə]
panfleto (m)	Flugblatt (n)	['flu:kˌblat]
amostra (f)	Muster (n)	['mʊstɐ]
formação (f)	Training (n)	['tʀɛ:nɪŋ]
reunião (f)	Meeting (n)	['mi:tɪŋ]
hora (f) de almoço	Mittagspause (f)	['mɪta:ksˌpaʊzə]
fazer uma cópia	eine Kopie machen	['aɪnə ko'pi: 'maχən]
tirar cópias	vervielfältigen (vt)	[fɛɐ'fi:lˌfɛltɪgən]
receber um fax	ein Fax bekommen	[aɪn faks bə'kɔmən]
enviar um fax	ein Fax senden	[aɪn faks 'zɛndən]

fazer uma chamada	anrufen (vt)	['anˌʁuːfən]
responder (vt)	antworten (vi)	['antˌvɔʁtən]
passar (vt)	verbinden (vt)	[fɛɐ'bɪndən]

marcar (vt)	ausmachen (vt)	['aʊsˌmaχən]
demonstrar (vt)	demonstrieren (vt)	[demɔn'stʁiːʁən]
estar ausente	fehlen (vi)	['feːlən]
ausência (f)	Abwesenheit (f)	['apˌveːzən·haɪt]

70. Processos negociais. Parte 1

negócio (m)	Geschäft (n)	[gə'ʃɛft]
ocupação (f)	Angelegenheit (f)	['angəˌleːgənhaɪt]
firma, empresa (f)	Firma (f)	['fɪʁma]
companhia (f)	Gesellschaft (f)	[gə'zɛlʃaft]
corporação (f)	Konzern (m)	[kɔn'tsɛʁn]
empresa (f)	Unternehmen (n)	[ˌʊntɐ'neːmən]
agência (f)	Agentur (f)	[agɛn'tuːɐ]

acordo (documento)	Vereinbarung (f)	[fɛɐ'ʔaɪnbaːʁʊŋ]
contrato (m)	Vertrag (m)	[fɛɐ'tʁaːk]
acordo (transação)	Geschäft (n)	[gə'ʃɛft]
pedido (m)	Auftrag (m)	['aʊfˌtʁaːk]
termos (m pl)	Bedingung (f)	[bə'dɪŋʊŋ]

por atacado	en gros	[ɛn 'gʁo]
por atacado (adj)	Großhandels-	['gʁoːsˌhandəls]
venda (f) por atacado	Großhandel (m)	['gʁoːsˌhandəl]
a varejo	Einzelhandels-	['aɪntsəlˌhandəls]
venda (f) a varejo	Einzelhandel (m)	['aɪntsəlˌhandəl]

concorrente (m)	Konkurrent (m)	[kɔŋkʊ'ʁɛnt]
concorrência (f)	Konkurrenz (f)	[ˌkɔŋkʊ'ʁɛnts]
competir (vi)	konkurrieren (vi)	[kɔŋkʊ'ʁiːʁən]

| sócio (m) | Partner (m) | ['paʁtnɐ] |
| parceria (f) | Partnerschaft (f) | ['paʁtnɐʃaft] |

crise (f)	Krise (f)	['kʁiːzə]
falência (f)	Bankrott (m)	[baŋ'kʁɔt]
entrar em falência	Bankrott machen	[baŋ'kʁɔt 'maχən]
dificuldade (f)	Schwierigkeit (f)	['ʃviːʁɪçkaɪt]
problema (m)	Problem (n)	[pʁo'bleːm]
catástrofe (f)	Katastrophe (f)	[ˌkatas'tʁoːfə]

economia (f)	Wirtschaft (f)	['vɪʁtʃaft]
econômico (adj)	wirtschaftlich	['vɪʁtʃaftlɪç]
recessão (f) econômica	Rezession (f)	[ʁetsɛ'sjoːn]

| objetivo (m) | Ziel (n) | [tsiːl] |
| tarefa (f) | Aufgabe (f) | ['aʊfˌgaːbə] |

| comerciar (vi, vt) | handeln (vi) | ['handəln] |
| rede (de distribuição) | Netz (n) | [nɛts] |

| estoque (m) | Lager (n) | ['la:gɐ] |
| sortimento (m) | Sortiment (n) | [zɔʁti'mɛnt] |

líder (m)	führende Unternehmen (n)	['fy:ʁəndə ʊntɐ'ne:mən]
grande (~ empresa)	groß	[gʁo:s]
monopólio (m)	Monopol (n)	[mono'po:l]

teoria (f)	Theorie (f)	[teo'ʁi:]
prática (f)	Praxis (f)	['pʁaksɪs]
experiência (f)	Erfahrung (f)	[ɛɐ'fa:ʁʊŋ]
tendência (f)	Tendenz (f)	[tɛn'dɛnts]
desenvolvimento (m)	Entwicklung (f)	[ɛnt'vɪklʊŋ]

71. Processos negociais. Parte 2

| rentabilidade (f) | Vorteil (m) | ['fɔʁˌtaɪl] |
| rentável (adj) | vorteilhaft | ['foʁtaɪlˌhaft] |

delegação (f)	Delegation (f)	[delega'tsjo:n]
salário, ordenado (m)	Lohn (m)	[lo:n]
corrigir (~ um erro)	korrigieren (vt)	[kɔʁi'gi:ʁən]
viagem (f) de negócios	Dienstreise (f)	['di:nstˌʁaɪzə]
comissão (f)	Kommission (f)	[kɔmɪ'sjo:n]

controlar (vt)	kontrollieren (vt)	[kɔntʁo'li:ʁən]
conferência (f)	Konferenz (f)	[ˌkɔnfe'ʁɛnts]
licença (f)	Lizenz (f)	[li'tsɛnts]
confiável (adj)	zuverlässig	['tsu:fɛɐˌlɛsɪç]

empreendimento (m)	Initiative (f)	[initsɪa'ti:və]
norma (f)	Norm (f)	[nɔʁm]
circunstância (f)	Umstand (m)	['ʊmʃtant]
dever (do empregado)	Pflicht (f)	[pflɪçt]

empresa (f)	Unternehmen (n)	[ˌʊntɐ'ne:mən]
organização (f)	Organisation (f)	[ˌɔʁganiza'tsjo:n]
organizado (adj)	organisiert	[ɔʁgani'zi:ɐt]
anulação (f)	Abschaffung (f)	['apˌʃafʊŋ]
anular, cancelar (vt)	abschaffen (vt)	['apˌʃafən]
relatório (m)	Bericht (m)	[bə'ʁɪçt]

patente (f)	Patent (n)	[pa'tɛnt]
patentear (vt)	patentieren (vt)	[patɛn'ti:ʁən]
planejar (vt)	planen (vt)	['pla:nən]

bônus (m)	Prämie (f)	['pʁɛ:mɪə]
profissional (adj)	professionell	[pʁofɛsjo'nɛl]
procedimento (m)	Prozedur (f)	[ˌpʁotse'du:ɐ]

examinar (~ a questão)	prüfen (vt)	['pʁy:fən]
cálculo (m)	Berechnung (f)	[bə'ʁɛçnʊŋ]
reputação (f)	Ruf (m)	[ʁu:f]
risco (m)	Risiko (n)	['ʁi:ziko]
dirigir (~ uma empresa)	leiten (vt)	['laɪtən]

informação (f)	Informationen (pl)	[ɪnfɔʁma'tsjo:nən]
propriedade (f)	Eigentum (n)	['aɪɡəntu:m]
união (f)	Bund (m)	[bʊnt]

seguro (m) de vida	Lebensversicherung (f)	['le:bəns·fɛɐˌzɪçəʀʊŋ]
fazer um seguro	versichern (vt)	[fɛɐ'zɪçən]
seguro (m)	Versicherung (f)	[fɛɐ'zɪçəʀʊŋ]

leilão (m)	Auktion (f)	[aʊk'tsjo:n]
notificar (vt)	benachrichtigen (vt)	[bə'na:xˌʀɪçtɪɡən]
gestão (f)	Verwaltung (f)	[fɛɐ'valtʊŋ]
serviço (indústria de ~s)	Dienst (m)	[di:nst]

fórum (m)	Forum (n)	['fo:ʀʊm]
funcionar (vi)	funktionieren (vi)	[fʊŋktsjo'ni:ʀən]
estágio (m)	Etappe (f)	[e'tapə]
jurídico, legal (adj)	juristisch	[ju'ʀɪstɪʃ]
advogado (m)	Jurist (m)	[ju'ʀɪst]

72. Produção. Trabalhos

usina (f)	Werk (n)	[vɛʁk]
fábrica (f)	Fabrik (f)	[fa'bʀi:k]
oficina (f)	Werkstatt (f)	['vɛʁkˌʃtat]
local (m) de produção	Betrieb (m)	[bə'tʀi:p]

indústria (f)	Industrie (f)	[ɪndʊs'tʀi:]
industrial (adj)	Industrie-	[ɪndʊs'tʀi:]
indústria (f) pesada	Schwerindustrie (f)	['ʃveːɐʔɪndʊsˌtʀi:]
indústria (f) ligeira	Leichtindustrie (f)	['laɪçtʔɪndʊsˌtʀi:]

produção (f)	Produktion (f)	[pʀodʊk'tsjo:n]
produzir (vt)	produzieren (vt)	[pʀodu'tsi:ʀən]
matérias-primas (f pl)	Rohstoff (m)	['ʀo:ˌʃtɔf]

chefe (m) de obras	Vorarbeiter (m), Meister (m)	[fo:ʀ'ʔaʁbaɪtə], ['maɪstə]
equipe (f)	Arbeitsteam (n)	['aʁbaɪtsˌti:m]
operário (m)	Arbeiter (m)	['aʁbaɪtə]

dia (m) de trabalho	Arbeitstag (m)	['aʁbaɪtsˌta:k]
intervalo (m)	Pause (f)	['paʊzə]
reunião (f)	Versammlung (f)	[fɛɐ'zamlʊŋ]
discutir (vt)	besprechen (vt)	[bə'ʃpʀɛçən]

plano (m)	Plan (m)	[pla:n]
cumprir o plano	den Plan erfüllen	[den pla:n ɛɐ'fylən]
taxa (f) de produção	Arbeitsertrag (m)	['aʁbaɪtsˌɛɐ'tʀa:k]
qualidade (f)	Qualität (f)	[kvali'tɛ:t]
controle (m)	Prüfung, Kontrolle (f)	['pʀy:fʊŋ], [kɔn'tʀɔlə]
controle (m) da qualidade	Gütekontrolle (f)	['gy:tə·kɔn'tʀɔlə]

segurança (f) no trabalho	Arbeitsplatzsicherheit (f)	['aʁbaɪts·platsˌzɪçɐhaɪt]
disciplina (f)	Disziplin (f)	[dɪstsi'pli:n]
infração (f)	Übertretung (f)	[y:bɐ'tʀe:tʊŋ]

violar (as regras)	übertreten (vt)	[y:bɐ'tʀe:tən]
greve (f)	Streik (m)	[ʃtʀaɪk]
grevista (m)	Streikender (m)	['ʃtʀaɪkəndɐ]
estar em greve	streiken (vi)	['ʃtʀaɪkən]
sindicato (m)	Gewerkschaft (f)	[gə'vɛʀkʃaft]

inventar (vt)	erfinden (vt)	[ɛɐ'fɪndən]
invenção (f)	Erfindung (f)	[ɛɐ'fɪndʊŋ]
pesquisa (f)	Erforschung (f)	[ɛɐ'foʀʃʊŋ]
melhorar (vt)	verbessern (vt)	[fɛɐ'bɛsən]
tecnologia (f)	Technologie (f)	[tɛçnolo'gi:]
desenho (m) técnico	Zeichnung (f)	['tsaɪçnʊŋ]

carga (f)	Ladung (f)	['la:dʊŋ]
carregador (m)	Ladearbeiter (m)	['la:dəˌaʀbaɪtɐ]
carregar (o caminhão, etc.)	laden (vt)	['la:dən]
carregamento (m)	Beladung (f)	[bə'la:dʊŋ]
descarregar (vt)	entladen (vt)	[ɛnt'la:dən]
descarga (f)	Entladung (f)	[ɛnt'la:dʊŋ]

transporte (m)	Transport (m)	[tʀans'pɔʀt]
companhia (f) de transporte	Transportunternehmen (n)	[tʀans'pɔʀt·ʊntɐ'ne:mən]
transportar (vt)	transportieren (vt)	[ˌtʀanspɔʀ'ti:ʀən]

vagão (m) de carga	Güterwagen (m)	['gy:tɐˌva:gən]
tanque (m)	Zisterne (f)	[tsɪs'tɛʀnə]
caminhão (m)	Lastkraftwagen (m)	['lastkʀaftˌva:gən]

máquina (f) operatriz	Werkzeugmaschine (f)	['vɛʀktsɔɪk·maʃi:nə]
mecanismo (m)	Mechanismus (m)	[meça'nɪsmʊs]

resíduos (m pl) industriais	Industrieabfälle (pl)	[ɪndʊs'tʀi:ʔapˌfɛlə]
embalagem (f)	Verpacken (n)	[fɛɐ'pakən]
embalar (vt)	verpacken (vt)	[fɛɐ'pakən]

73. Contrato. Acordo

contrato (m)	Vertrag (m)	[fɛɐ'tʀa:k]
acordo (m)	Vereinbarung (f)	[fɛɐ'ʔaɪnba:ʀʊŋ]
adendo, anexo (m)	Anhang (m)	['anhaŋ]

assinar o contrato	einen Vertrag abschließen	['aɪnən fɛɐ'tʀa:k 'apˌʃli:sən]
assinatura (f)	Unterschrift (f)	['ʊntɐˌʃʀɪft]
assinar (vt)	unterschreiben (vt)	[ˌʊntɐ'ʃʀaɪbən]
carimbo (m)	Stempel (m)	['ʃtɛmpəl]

objeto (m) do contrato	Vertragsgegenstand (m)	[fɛɐ'tʀa:ks·'ge:gənʃtant]
cláusula (f)	Punkt (m)	[pʊŋkt]
partes (f pl)	Parteien (pl)	[paʀ'taɪən]
domicílio (m) legal	rechtmäßige Anschrift (f)	['ʀɛçtˌmɛ:sɪgə 'anʃʀɪft]

violar o contrato	Vertrag brechen	[fɛɐ'tʀa:k 'bʀɛçən]
obrigação (f)	Verpflichtung (f)	[fɛɐ'pflɪçtʊŋ]
responsabilidade (f)	Verantwortlichkeit (f)	[fɛɐ'ʔantvɔʀtlɪçkaɪt]

força (f) maior	Force majeure (f)	[fɔʁs·ma'ʒœ:r]
litígio (m), disputa (f)	Streit (m)	[ʃtʀaɪt]
multas (f pl)	Strafsanktionen (pl)	['ʃtʀa:f·zaŋk'tsjo:nən]

74. Importação & Exportação

importação (f)	Import (m)	[ˌɪm'pɔʁt]
importador (m)	Importeur (m)	[ɪmpɔʁ'tø:ɐ]
importar (vt)	importieren (vt)	[ɪmpɔʁ'ti:ʀən]
de importação	Import-	[ˌɪm'pɔʁt]

exportação (f)	Export (m)	[ɛks'pɔʁt]
exportador (m)	Exporteur (m)	[ɛkspɔʁ'tø:ɐ]
exportar (vt)	exportieren (vt)	[ˌɛkspɔʁ'ti:ʀən]
de exportação	Export-	[ɛks'pɔʁt]

| mercadoria (f) | Waren (pl) | ['va:ʀən] |
| lote (de mercadorias) | Partie (f), Ladung (f) | [paʁ'ti:], ['la:dʊŋ] |

peso (m)	Gewicht (n)	[gə'vɪçt]
volume (m)	Volumen (n)	[vo'lu:mən]
metro (m) cúbico	Kubikmeter (m)	[ku'bi:kˌme:tɐ]

produtor (m)	Hersteller (m)	['he:ɐˌʃtɛlɐ]
companhia (f) de transporte	Transportunternehmen (n)	[tʀans'pɔʁt·ʊntɐ'ne:mən]
contêiner (m)	Container (m)	[ˌkɔn'tɛɪnɐ]

fronteira (f)	Grenze (f)	['gʀɛntsə]
alfândega (f)	Zollamt (n)	['tsɔlˌʔamt]
taxa (f) alfandegária	Zoll (m)	[tsɔl]
funcionário (m) da alfândega	Zollbeamter (m)	['tsɔl·bəˌʔamtɐ]
contrabando (atividade)	Schmuggel (m)	['ʃmʊgəl]
contrabando (produtos)	Schmuggelware (f)	['ʃmʊgəlˌva:ʀə]

75. Finanças

ação (f)	Aktie (f)	['aktsiə]
obrigação (f)	Obligation (f)	[ɔbliga'tsjo:n]
nota (f) promissória	Wechsel (m)	['vɛksəl]

| bolsa (f) de valores | Börse (f) | ['bœʁzə] |
| cotação (m) das ações | Aktienkurs (m) | ['aktsiən·kʊʁs] |

| tornar-se mais barato | billiger werden | ['bɪlɪgɐ 've:ɐdən] |
| tornar-se mais caro | teuer werden | ['tɔɪɐ 've:ɐdən] |

| parte (f) | Anteil (m) | ['anˌtaɪl] |
| participação (f) majoritária | Mehrheitsbeteiligung (f) | ['me:ɐhaɪts·bə'taɪlɪgʊŋ] |

investimento (m)	Investitionen (pl)	[ɪnvɛsti'tsjo:nən]
investir (vt)	investieren (vt)	[ɪnvɛs'ti:ʀən]
porcentagem (f)	Prozent (n)	[pʀo'tsɛnt]

juros (m pl)	Zinsen (pl)	['tsɪnzən]
lucro (m)	Gewinn (m)	[gə'vɪn]
lucrativo (adj)	gewinnbringend	[gə'vɪnˌbrɪŋənt]
imposto (m)	Steuer (f)	['ʃtɔɪɐ]
divisa (f)	Währung (f)	['vɛːrʊŋ]
nacional (adj)	Landes-	['landəs]
câmbio (m)	Geldumtausch (m)	['gɛltˌumtaʊʃ]
contador (m)	Buchhalter (m)	['buːχˌhaltɐ]
contabilidade (f)	Buchhaltung (f)	['buːχˌhaltʊŋ]
falência (f)	Bankrott (m)	[baŋ'krɔt]
falência, quebra (f)	Zusammenbruch (m)	[tsu'zamənˌbrʊχ]
ruína (f)	Pleite (f)	['plaɪtə]
estar quebrado	pleite gehen	['plaɪtə 'geːən]
inflação (f)	Inflation (f)	[ɪnfla'tsjoːn]
desvalorização (f)	Abwertung (f)	['apˌveːɐtʊŋ]
capital (m)	Kapital (n)	[kapi'taːl]
rendimento (m)	Einkommen (n)	['aɪnˌkɔmən]
volume (m) de negócios	Umsatz (m)	['ʊmˌzats]
recursos (m pl)	Mittel (pl)	['mɪtəl]
recursos (m pl) financeiros	Geldmittel (pl)	['gɛltˌmɪtəl]
despesas (f pl) gerais	Gemeinkosten (pl)	[gə'maɪnˌkɔstən]
reduzir (vt)	reduzieren (vt)	[redu'tsiːrən]

76. Marketing

marketing (m)	Marketing (n)	['maʁkətɪŋ]
mercado (m)	Markt (m)	[maʁkt]
segmento (m) do mercado	Marktsegment (n)	['maʁktˈzɛ'gmɛnt]
produto (m)	Produkt (n)	[pro'dʊkt]
mercadoria (f)	Waren (pl)	['vaːrən]
marca (f)	Schutzmarke (f)	['ʃutsˌmaʁkə]
marca (f) registrada	Handelsmarke (f)	['handəlsˌmaʁkə]
logotipo (m)	Firmenzeichen (n)	['fɪʁmənˌtsaɪçən]
logo (m)	Logo (m, n)	['loːgɔ]
demanda (f)	Nachfrage (f)	['naːχˌfraːgə]
oferta (f)	Angebot (n)	['angəˌboːt]
necessidade (f)	Bedürfnis (n)	[bə'dyʁfnɪs]
consumidor (m)	Verbraucher (m)	[fɛɐ'braʊχɐ]
análise (f)	Analyse (f)	[ana'lyːzə]
analisar (vt)	analysieren (vt)	[ˌanaly'ziːrən]
posicionamento (m)	Positionierung (f)	[pozitsjo'niːrʊŋ]
posicionar (vt)	positionieren (vt)	[pozitsjo'niːrən]
preço (m)	Preis (m)	[praɪs]
política (f) de preços	Preispolitik (f)	['praɪsˈpoli'tɪk]
formação (f) de preços	Preisbildung (f)	['praɪsˌbɪldʊŋ]

73

77. Publicidade

publicidade (f)	Werbung (f)	['vɛʁbʊŋ]
fazer publicidade	werben (vt)	['vɛʁbən]
orçamento (m)	Budget (n)	[by'dʒeː]
anúncio (m)	Werbeanzeige (f)	['vɛʁbəʔanˌtsaɪɡə]
publicidade (f) na TV	Fernsehwerbung (f)	['fɛʁnzeːˌvɛʁbʊŋ]
publicidade (f) na rádio	Radiowerbung (f)	['ʁaːdɪoˌvɛʁbʊŋ]
publicidade (f) exterior	Außenwerbung (f)	['aʊsənˌvɛʁbʊŋ]
comunicação (f) de massa	Massenmedien (pl)	['masənˌmeːdɪən]
periódico (m)	Zeitschrift (f)	['tsaɪtʃʁɪft]
imagem (f)	Image (n)	['ɪmɪdʒ]
slogan (m)	Losung (f)	['loːzʊŋ]
mote (m), lema (f)	Motto (n)	['mɔto]
campanha (f)	Kampagne (f)	[kam'panjə]
campanha (f) publicitária	Werbekampagne (f)	['vɛʁbə·kam'panjə]
grupo (m) alvo	Zielgruppe (f)	['tsiːlˌɡʁʊpə]
cartão (m) de visita	Visitenkarte (f)	[vi'ziːtənˌkaʁtə]
panfleto (m)	Flugblatt (n)	['fluːkˌblat]
brochura (f)	Broschüre (f)	[bʁɔ'ʃyːʁə]
folheto (m)	Faltblatt (n)	['faltˌblat]
boletim (~ informativo)	Informationsblatt (n)	[ɪnfɔʁma'tsjoːnsˌblat]
letreiro (m)	Firmenschild (n)	['fɪʁmənʃɪlt]
cartaz, pôster (m)	Plakat (n)	[pla'kaːt]
painel (m) publicitário	Werbeschild (n)	['vɛʁbəʃɪlt]

78. Banca

banco (m)	Bank (f)	[baŋk]
balcão (f)	Filiale (f)	[fi'lɪaːlə]
consultor (m) bancário	Berater (m)	[bə'ʁaːtɐ]
gerente (m)	Leiter (m)	['laɪtɐ]
conta (f)	Konto (n)	['kɔnto]
número (m) da conta	Kontonummer (f)	['kɔntoˌnʊmɐ]
conta (f) corrente	Kontokorrent (n)	[kɔnto·kɔ'ʁɛnt]
conta (f) poupança	Sparkonto (n)	['ʃpaːɐˌkɔnto]
abrir uma conta	ein Konto eröffnen	[aɪn 'kɔnto ɛɐ'ʔœfnən]
fechar uma conta	das Konto schließen	[das 'kɔnto 'ʃliːsən]
depositar na conta	auf ein Konto einzahlen	[aʊf aɪn 'kɔnto 'aɪnˌtsaːlən]
sacar (vt)	abheben (vt)	['apˌheːbən]
depósito (m)	Einzahlung (f)	['aɪnˌtsaːlʊŋ]
fazer um depósito	eine Einzahlung machen	['aɪnə 'aɪnˌtsaːlʊŋ 'maxən]
transferência (f) bancária	Überweisung (f)	[ˌyːbɐ'vaɪzən]

transferir (vt)	überweisen (vt)	[ˌyːbɐˈvaɪzən]
soma (f)	Summe (f)	[ˈzʊmə]
Quanto?	Wie viel?	[ˈviː fiːl]

| assinatura (f) | Unterschrift (f) | [ˈʊntɐˌʃrɪft] |
| assinar (vt) | unterschreiben (vt) | [ˌʊntɐˈʃraɪbən] |

cartão (m) de crédito	Kreditkarte (f)	[kreˈdiːtˌkaʁtə]
senha (f)	Code (m)	[koːt]
número (m) do cartão de crédito	Kreditkartennummer (f)	[kreˈdiːtˌkaʁtəˈnʊmɐ]
caixa (m) eletrônico	Geldautomat (m)	[ˈgɛltʔaʊtoˌmaːt]

cheque (m)	Scheck (m)	[ʃɛk]
passar um cheque	einen Scheck schreiben	[ˈaɪnən ʃɛk ˈʃraɪbn]
talão (m) de cheques	Scheckbuch (n)	[ˈʃɛkˌbuːx]

empréstimo (m)	Darlehen (m)	[ˈdaʁˌleːən]
pedir um empréstimo	ein Darlehen beantragen	[aɪn ˈdaʁˌleːən bəˈʔantraːgən]
obter empréstimo	ein Darlehen aufnehmen	[aɪn daʁˌleːən ˈaʊfˌneːmən]
dar um empréstimo	ein Darlehen geben	[aɪn ˈdaʁˌleːən ˈgeːbən]
garantia (f)	Sicherheit (f)	[ˈzɪçɐhaɪt]

79. Telefone. Conversação telefônica

telefone (m)	Telefon (n)	[teleˈfoːn]
celular (m)	Mobiltelefon (n)	[moˈbiːlˈteleˌfoːn]
secretária (f) eletrônica	Anrufbeantworter (m)	[ˈanruːfbə·antˌvɔʁtɐ]

| fazer uma chamada | anrufen (vt) | [ˈanˌruːfən] |
| chamada (f) | Anruf (m) | [ˈanˌruːf] |

discar um número	eine Nummer wählen	[ˈaɪnə ˈnʊmɐ ˈvɛːlən]
Alô!	Hallo!	[haˈloː]
perguntar (vt)	fragen (vt)	[ˈfraːgən]
responder (vt)	antworten (vi)	[ˈantˌvɔʁtən]

ouvir (vt)	hören (vt)	[ˈhøːrən]
bem	gut	[guːt]
mal	schlecht	[ʃlɛçt]
ruído (m)	Störungen (pl)	[ˈʃtøːrʊŋən]

fone (m)	Hörer (m)	[ˈhøːrɐ]
pegar o telefone	den Hörer abnehmen	[den ˈhøːrɐ ˈapˌneːmən]
desligar (vi)	auflegen (vt)	[ˈaʊfˌleːgən]

ocupado (adj)	besetzt	[bəˈzɛtst]
tocar (vi)	läuten (vi)	[ˈlɔɪtən]
lista (f) telefônica	Telefonbuch (n)	[teleˈfoːnˌbuːx]
local (adj)	Orts-	[ɔʁts]
chamada (f) local	Ortsgespräch	[ɔʁts·gəˈʃprɛːç]
de longa distância	Fern-	[ˈfɛʁn]
chamada (f) de longa distância	Ferngespräch	[ˈfɛʁn·gəˈʃprɛːç]

| internacional (adj) | Auslands- | ['aʊslants] |
| chamada (f) internacional | Auslandsgespräch | ['aʊslants·gə'ʃpʀɛ:ç] |

80. Telefone móvel

celular (m)	Mobiltelefon (n)	[mo'bi:l·tele͵fo:n]
tela (f)	Display (n)	[dɪs'ple:]
botão (m)	Knopf (m)	[knɔpf]
cartão SIM (m)	SIM-Karte (f)	['zɪm͵kaʁtə]

bateria (f)	Batterie (f)	[batə'ʀi:]
descarregar-se (vr)	leer sein	[le:ɐ zaɪn]
carregador (m)	Ladegerät (n)	['la:də·gə'ʀɛ:t]

| menu (m) | Menü (n) | [me'ny:] |
| configurações (f pl) | Einstellungen (pl) | ['aɪnʃtɛlʊŋən] |

| melodia (f) | Melodie (f) | [melo'di:] |
| escolher (vt) | auswählen (vt) | ['aʊs͵vɛ:lən] |

calculadora (f)	Rechner (m)	['ʀɛçnɐ]
correio (m) de voz	Anrufbeantworter (m)	['anʀu:fbə·ant͵vɔʁtɐ]
despertador (m)	Wecker (m)	['vɛkɐ]
contatos (m pl)	Kontakte (pl)	[kɔn'taktə]

| mensagem (f) de texto | SMS-Nachricht (f) | [ɛs?ɛm'?ɛs 'na:χ͵ʀɪçt] |
| assinante (m) | Teilnehmer (m) | ['taɪl͵ne:mɐ] |

81. Estacionário

| caneta (f) | Kugelschreiber (m) | ['ku:gəlʃʀaɪbɐ] |
| caneta (f) tinteiro | Federhalter (m) | ['fe:dɐ͵haltɐ] |

lápis (m)	Bleistift (m)	['blaɪʃtɪft]
marcador (m) de texto	Faserschreiber (m)	['fa:zɐʃʀaɪbɐ]
caneta (f) hidrográfica	Filzstift (m)	['fɪltsʃtɪft]

| bloco (m) de notas | Notizblock (m) | [no'ti:ts͵blɔk] |
| agenda (f) | Terminkalender (m) | [tɛʁ'mi:n·ka͵lɛndɐ] |

régua (f)	Lineal (n)	[line'a:l]
calculadora (f)	Rechner (m)	['ʀɛçnɐ]
borracha (f)	Radiergummi (m)	[ʀa'di:ɐ͵gʊmi]

| alfinete (m) | Reißwecke (f) | ['ʀaɪs·tsvɛkə] |
| clipe (m) | Heftklammer (f) | ['hɛft͵klamɐ] |

| cola (f) | Klebstoff (m) | ['kle:p͵ʃtɔf] |
| grampeador (m) | Hefter (m) | ['hɛftɐ] |

| furador (m) de papel | Locher (m) | ['lɔχɐ] |
| apontador (m) | Bleistiftspitzer (m) | ['blaɪʃtɪftʃpɪtsɐ] |

82. Tipos de negócios

serviços (m pl) de contabilidade	Buchführung (f)	['bu:χ̩fy:ʀʊŋ]
publicidade (f)	Werbung (f)	['vɛʁbʊŋ]
agência (f) de publicidade	Werbeagentur (f)	['vɛʁbəʔagɛn̩tu:ɐ]
ar (m) condicionado	Klimaanlagen (pl)	['kli:ma̩ʔanla:gən]
companhia (f) aérea	Fluggesellschaft (f)	['flu:kgə̩zɛlʃaft]

bebidas (f pl) alcoólicas	Spirituosen (pl)	[ʃpiʀi'tʊo:zən]
comércio (m) de antiguidades	Antiquitäten (pl)	[antikvi'tɛ:tən]
galeria (f) de arte	Kunstgalerie (f)	['kʊnst̩galə'ʀi:]
serviços (m pl) de auditoria	Rechnungsprüfung (f)	['ʀɛçnʊŋs̩pʀy:fʊŋ]

negócios (m pl) bancários	Bankwesen (n)	['baŋk̩ve:zən]
bar (m)	Bar (f)	[ba:ɐ]
salão (m) de beleza	Schönheitssalon (m)	['ʃø:nhaɪts̩za'lɔŋ]
livraria (f)	Buchhandlung (f)	['bu:χ̩handlʊŋ]
cervejaria (f)	Bierbrauerei (f)	['bi:ɐ-bʀaʊə̩ʀaɪ]
centro (m) de escritórios	Bürogebäude (n)	[by'ʀo:gə̩bɔɪdə]
escola (f) de negócios	Business-Schule (f)	['bɪznɛs-'ʃu:lə]

cassino (m)	Kasino (n)	[ka'zi:no]
construção (f)	Bau (m)	['baʊ]
consultoria (f)	Beratung (f)	[bə'ʀa:tʊŋ]

clínica (f) dentária	Stomatologie (f)	[ʃtomatolo'gi:]
design (m)	Design (n)	[di'zaɪn]
drogaria (f)	Apotheke (f)	[apo'te:kə]
lavanderia (f)	chemische Reinigung (f)	[çe:miʃə 'ʀaɪnɪgʊŋ]
agência (f) de emprego	Personalagentur (f)	[pɛʁzo'na:l-agɛn'tu:ɐ]

serviços (m pl) financeiros	Finanzdienstleistungen (pl)	[fi'nants-'di:nst̩laɪstʊŋən]
alimentos (m pl)	Nahrungsmittel (pl)	['na:ʀʊŋs̩mɪtəl]
funerária (f)	Bestattungsinstitut (n)	[bə'ʃtatʊŋs?ɪnsti̩tu:t]
mobiliário (m)	Möbel (n)	['mø:bəl]
roupa (f)	Kleidung (f)	['klaɪdʊŋ]
hotel (m)	Hotel (n)	[ho'tɛl]

sorvete (m)	Eis (n)	[aɪs]
indústria (f)	Industrie (f)	[ɪndʊs'tʀi:]
seguro (~ de vida, etc.)	Versicherung (f)	[fɛɐ'zɪçəʀʊŋ]
internet (f)	Internet (n)	['ɪntɛnɛt]
investimento (m)	Investitionen (pl)	[ɪnvɛsti'tsjo:nən]

joalheiro (m)	Juwelier (m)	[juve'li:ɐ]
joias (f pl)	Juwelierwaren (pl)	[juve'li:ɐ̩va:ʀən]
lavanderia (f)	Wäscherei (f)	[vɛʃə'ʀaɪ]
assessorias (f pl) jurídicas	Rechtsberatung (f)	['ʀɛçts-bə'ʀa:tʊŋ]
indústria (f) ligeira	Leichtindustrie (f)	['laɪçt?ɪndʊs̩tʀi:]

revista (f)	Zeitschrift (f)	['tsaɪtʃʀɪft]
vendas (f pl) por catálogo	Versandhandel (m)	[fɛɐ'zant̩handəl]
medicina (f)	Medizin (f)	[medi'tsi:n]
cinema (m)	Kino (n)	['ki:no]

museu (m)	Museum (n)	[mu'ze:ʊm]
agência (f) de notícias	Nachrichtenagentur (f)	['na:χrɪçtən?agɛnˌtu:ɐ]
jornal (m)	Zeitung (f)	['tsaɪtʊŋ]
boate (casa noturna)	Nachtklub (m)	['naχtˌklʊp]
petróleo (m)	Erdöl (n)	['e:ɐtˌ?ø:l]
serviços (m pl) de remessa	Kurierdienst (m)	[ku'ʀi:ɐˌdi:nst]
indústria (f) farmacêutica	Pharmaindustrie (f)	['faʀma?ɪndʊsˌtʀi:]
tipografia (f)	Druckindustrie (f)	[dʀʊk·ɪndʊs'tʀi:]
editora (f)	Verlag (m)	[fɛɐ'la:k]
rádio (m)	Rundfunk (m)	['ʀʊntfʊŋk]
imobiliário (m)	Immobilien (pl)	[ɪmo'bi:lɪən]
restaurante (m)	Restaurant (n)	[ʀɛsto'ʀaŋ]
empresa (f) de segurança	Sicherheitsagentur (f)	['zɪçɐhaɪts·agɛn'tu:ɐ]
esporte (m)	Sport (m)	[ʃpɔʀt]
bolsa (f) de valores	Börse (f)	['bœʀzə]
loja (f)	Laden (m)	['la:dən]
supermercado (m)	Supermarkt (m)	['zu:pɐˌmaʀkt]
piscina (f)	Schwimmbad (n)	['ʃvɪmba:t]
alfaiataria (f)	Atelier (n)	[ate'lie:]
televisão (f)	Fernsehen (n)	['fɛʀnˌze:ən]
teatro (m)	Theater (n)	[te'a:tɐ]
comércio (m)	Handel (m)	['handəl]
serviços (m pl) de transporte	Transporte (pl)	[tʀans'pɔʀtə]
viagens (f pl)	Reisen (pl)	['ʀaɪzən]
veterinário (m)	Tierarzt (m)	['ti:ɐˌ?aʀtst]
armazém (m)	Warenlager (n)	['va:ʀənˌla:gɐ]
recolha (f) do lixo	Müllabfuhr (f)	['mʏlˌ?apfu:ɐ]

Emprego. Negócios. Parte 2

83. Espetáculo. Feira

feira, exposição (f)	Ausstellung (f)	['aʊsˌʃtɛlʊŋ]
feira (f) comercial	Handelsausstellung (f)	['handəlsˌaʊsʃtɛlʊŋ]
participação (f)	Teilnahme (f)	['taɪlˌnaːmə]
participar (vi)	teilnehmen (vi)	['taɪlˌneːmən]
participante (m)	Teilnehmer (m)	['taɪlˌneːmɐ]
diretor (m)	Direktor (m)	[di'ʀɛktoːɐ]
direção (f)	Messeverwaltung (f)	['mɛsəˈfɛɐ'valtʊŋ]
organizador (m)	Organisator (m)	[ɔʁgani'zaːtoːɐ]
organizar (vt)	veranstalten (vt)	[fɛɐ'ʔanʃtaltən]
ficha (f) de inscrição	Anmeldeformular (n)	['anmɛldəˈfɔʁmuˌlaːɐ]
preencher (vt)	ausfüllen (vt)	['aʊsˌfʏlən]
detalhes (m pl)	Details (pl)	[de'taɪs]
informação (f)	Information (f)	[ɪnfɔʁma'tsjoːn]
preço (m)	Preis (m)	[pʀaɪs]
incluindo	einschließlich	['aɪnʃliːslɪç]
incluir (vt)	einschließen (vt)	['aɪnˌʃliːsən]
pagar (vt)	zahlen (vt)	['tsaːlən]
taxa (f) de inscrição	Anmeldegebühr (f)	['anmɛldəˈgəˌbyːɐ]
entrada (f)	Eingang (m)	['aɪnˌgaŋ]
pavilhão (m), salão (f)	Pavillon (m)	['paviljɔŋ]
inscrever (vt)	registrieren (vt)	[ʀegɪs'tʀiːʀən]
crachá (m)	Namensschild (n)	['naːmənsˌʃɪlt]
stand (m)	Stand (m)	[ʃtant]
reservar (vt)	reservieren (vt)	[ʀezɛʁ'viːʀən]
vitrine (f)	Vitrine (f)	[vi'tʀiːnə]
lâmpada (f)	Strahler (m)	['ʃtʀaːlɐ]
design (m)	Design (n)	[di'zaɪn]
pôr (posicionar)	stellen (vt)	['ʃtɛlən]
ser colocado, -a	gelegen sein	[gə'leːgən zaɪn]
distribuidor (m)	Distributor (m)	[dɪstʀi'buːtoːɐ]
fornecedor (m)	Lieferant (m)	[ˌliːfə'ʀant]
fornecer (vt)	liefern (vt)	['liːfɐn]
país (m)	Land (n)	[lant]
estrangeiro (adj)	ausländisch	['aʊsˌlɛndɪʃ]
produto (m)	Produkt (n)	[pʀo'dʊkt]
associação (f)	Assoziation (f)	[asɔtsia'tsjoːn]
sala (f) de conferência	Konferenzraum (m)	[kɔnfe'ʀɛntsˌʀaʊm]

| congresso (m) | Kongress (m) | [kɔŋ'gʀɛs] |
| concurso (m) | Wettbewerb (m) | ['vɛtbəˌvɛʀp] |

visitante (m)	Besucher (m)	[bə'zu:χɐ]
visitar (vt)	besuchen (vt)	[bə'zu:χən]
cliente (m)	Auftraggeber (m)	['aʊftʀa:kˌge:bɐ]

84. Ciência. Investigação. Cientistas

ciência (f)	Wissenschaft (f)	['vɪsənʃaft]
científico (adj)	wissenschaftlich	['vɪsənʃaftlɪç]
cientista (m)	Wissenschaftler (m)	['vɪsənʃaftlɐ]
teoria (f)	Theorie (f)	[teo'ʀi:]

axioma (m)	Axiom (n)	[a'ksɪo:m]
análise (f)	Analyse (f)	[ana'ly:zə]
analisar (vt)	analysieren (vt)	[ˌanaly:'zi:ʀən]
argumento (m)	Argument (n)	[aʀgu'mɛnt]
substância (f)	Substanz (f)	[zʊps'tants]

hipótese (f)	Hypothese (f)	[ˌhypo'te:zə]
dilema (m)	Dilemma (n)	[ˌdi'lɛma]
tese (f)	Dissertation (f)	[dɪsɛʀta'tsjo:n]
dogma (m)	Dogma (n)	['dɔgma]

doutrina (f)	Doktrin (f)	[dɔk'tʀi:n]
pesquisa (f)	Forschung (f)	['fɔʀʃʊŋ]
pesquisar (vt)	forschen (vi)	['fɔʀʃən]
testes (m pl)	Kontrolle (f)	[kɔn'tʀɔlə]
laboratório (m)	Labor (n)	[la'bo:ɐ]

método (m)	Methode (f)	[me'to:də]
molécula (f)	Molekül (n)	[mole'ky:l]
monitoramento (m)	Monitoring (n)	['mo:nito:ʀɪŋ]
descoberta (f)	Entdeckung (f)	[ɛnt'dɛkʊŋ]

postulado (m)	Postulat (n)	[pɔstu'la:t]
princípio (m)	Prinzip (n)	[pʀɪn'tsi:p]
prognóstico (previsão)	Prognose (f)	[pʀo'gno:zə]
prognosticar (vt)	prognostizieren (vt)	[pʀognɔsti'tsi:ʀən]

síntese (f)	Synthese (f)	[zyn'te:zə]
tendência (f)	Tendenz (f)	[tɛn'dɛnts]
teorema (m)	Theorem (n)	[teo'ʀe:m]

ensinamentos (m pl)	Lehre (f)	['le:ʀə]
fato (m)	Tatsache (f)	['ta:tˌzaχə]
expedição (f)	Expedition (f)	[ɛkspedi'tsjo:n]
experiência (f)	Experiment (n)	[ɛkspeʀi'mɛnt]

acadêmico (m)	Akademiemitglied (n)	[akade'mi:·mɪtˌgli:t]
bacharel (m)	Bachelor (m)	['bɛtʃələ]
doutor (m)	Doktor (m)	['dɔkto:ɐ]
professor (m) associado	Dozent (m)	[do'tsɛnt]

mestrado (m)	**Magister** (m)	[ma'gɪstɐ]
professor (m)	**Professor** (m)	[pʀoˈfɛsoːɐ]

Profissões e ocupações

85. Procura de emprego. Demissão

trabalho (m)	Arbeit (f), Stelle (f)	['aʁbaɪt], ['ʃtɛlə]
equipe (f)	Belegschaft (f)	[bə'leːkʃaft]
pessoal (m)	Personal (n)	[pɛʁzo'naːl]
carreira (f)	Karriere (f)	[ka'ʁiːʁə]
perspectivas (f pl)	Perspektive (f)	[pɛʁspɛk'tiːvə]
habilidades (f pl)	Können (n)	['kœnən]
seleção (f)	Auswahl (f)	['aʊsvaːl]
agência (f) de emprego	Personalagentur (f)	[pɛʁzo'naːl·agɛn'tuːɐ]
currículo (m)	Lebenslauf (m)	['leːbəns͜laʊf]
entrevista (f) de emprego	Vorstellungsgespräch (n)	['foːɐ͜ʃtɛlʊŋs·gə͜ʃpʁɛːç]
vaga (f)	Vakanz (f)	[va'kants]
salário (m)	Gehalt (n)	[gə'halt]
salário (m) fixo	festes Gehalt (n)	['fɛstəs gə'halt]
pagamento (m)	Arbeitslohn (m)	['aʁbaɪts͜loːn]
cargo (m)	Stellung (f)	['ʃtɛlʊŋ]
dever (do empregado)	Pflicht (f), Aufgabe (f)	[pflɪçt], ['aʊf͜gaːbə]
gama (f) de deveres	Aufgabenspektrum (n)	['aʊf͜gaːbən'ʃpɛktʁʊm]
ocupado (adj)	beschäftigt	[͜bə'ʃɛftɪçt]
despedir, demitir (vt)	kündigen (vt)	['kʏndɪgən]
demissão (f)	Kündigung (f)	['kʏndɪgʊŋ]
desemprego (m)	Arbeitslosigkeit (f)	['aʁbaɪts͜loːzɪçkaɪt]
desempregado (m)	Arbeitslose (m)	['aʁbaɪts͜loːzə]
aposentadoria (f)	Rente (f), Ruhestand (m)	['ʁɛntə], ['ʁuːə͜ʃtant]
aposentar-se (vr)	in Rente gehen	[ɪn 'ʁɛntə 'geːən]

86. Gente de negócios

diretor (m)	Direktor (m)	[di'ʁɛktoːɐ]
gerente (m)	Leiter (m)	['laɪtə]
patrão, chefe (m)	Boss (m)	[bɔs]
superior (m)	Vorgesetzte (m)	['foːɐgə͜zɛtstə]
superiores (m pl)	Vorgesetzten (pl)	['foːɐgə͜zɛtstən]
presidente (m)	Präsident (m)	[pʁɛzi'dɛnt]
chairman (m)	Vorsitzende (m)	['foːɐ͜zɪtsəndə]
substituto (m)	Stellvertreter (m)	['ʃtɛlfɛɐ͜tʁeːtə]
assistente (m)	Helfer (m)	['hɛlfə]

| secretário (m) | Sekretär (m) | [zekʀe'tɛ:ɐ] |
| secretário (m) pessoal | Privatsekretär (m) | [pʀi'va:t·zekʀe'tɛ:ɐ] |

homem (m) de negócios	Geschäftsmann (m)	[gə'ʃɛfts͵man]
empreendedor (m)	Unternehmer (m)	[͵unte'ne:mɐ]
fundador (m)	Gründer (m)	['gʀʏndɐ]
fundar (vt)	gründen (vt)	['gʀʏndən]

principiador (m)	Gründungsmitglied (n)	['gʀʏnduŋs͵mɪtgli:t]
parceiro, sócio (m)	Partner (m)	['paʁtnɐ]
acionista (m)	Aktionär (m)	[aktsjo'nɛ:ɐ]

milionário (m)	Millionär (m)	[mɪljo'nɛ:ɐ]
bilionário (m)	Milliardär (m)	[͵mɪlɪaʁ'dɛ:ɐ]
proprietário (m)	Besitzer (m)	[be'zɪtsɐ]
proprietário (m) de terras	Landbesitzer (m)	['lantbe͵zɪtsɐ]

cliente (m)	Kunde (m)	['kundə]
cliente (m) habitual	Stammkunde (m)	['ʃtam͵kundə]
comprador (m)	Käufer (m)	['kɔɪfɐ]
visitante (m)	Besucher (m)	[be'zu:χɐ]

profissional (m)	Fachmann (m)	['faχ͵man]
perito (m)	Experte (m)	[ɛks'pɛʁtə]
especialista (m)	Spezialist (m)	[ʃpetsɪa'lɪst]

| banqueiro (m) | Bankier (m) | [baŋ'kɪe:] |
| corretor (m) | Makler (m) | ['ma:klɐ] |

caixa (m, f)	Kassierer (m)	[ka'si:ʀɐ]
contador (m)	Buchhalter (m)	['bu:χ͵haltɐ]
guarda (m)	Wächter (m)	['vɛçtɐ]

investidor (m)	Investor (m)	[ɪn'vɛsto:ɐ]
devedor (m)	Schuldner (m)	['ʃuldnɐ]
credor (m)	Gläubiger (m)	['glɔɪbɪgɐ]
mutuário (m)	Kreditnehmer (m)	[kʀe'di:t͵ne:mɐ]

| importador (m) | Importeur (m) | [ɪmpoʁ'tø:ɐ] |
| exportador (m) | Exporteur (m) | [ɛkspoʁ'tø:ɐ] |

produtor (m)	Hersteller (m)	['he:ɐ͵ʃtɛlɐ]
distribuidor (m)	Distributor (m)	[dɪstʀi'bu:to:ɐ]
intermediário (m)	Vermittler (m)	[fɛɐ'mɪtlɐ]

consultor (m)	Berater (m)	[be'ʀa:tɐ]
representante comercial	Vertreter (m)	[fɛɐ'tʀe:tɐ]
agente (m)	Agent (m)	[agɛnt]
agente (m) de seguros	Versicherungsagent (m)	[fɛɐ'zɪçəʀuŋs·a'gɛnt]

87. Profissões de serviços

| cozinheiro (m) | Koch (m) | [kɔχ] |
| chefe (m) de cozinha | Chefkoch (m) | ['ʃɛf͵kɔχ] |

padeiro (m)	Bäcker (m)	['bɛkɐ]
barman (m)	Barmixer (m)	['baːɐˌmɪksɐ]
garçom (m)	Kellner (m)	['kɛlnɐ]
garçonete (f)	Kellnerin (f)	['kɛlnəʀɪn]

advogado (m)	Rechtsanwalt (m)	['ʀɛçtsʔanˌvalt]
jurista (m)	Jurist (m)	[juˈʀɪst]
notário (m)	Notar (m)	[noˈtaːɐ]

eletricista (m)	Elektriker (m)	[ˌeˈlɛktʀikɐ]
encanador (m)	Klempner (m)	['klɛmpnɐ]
carpinteiro (m)	Zimmermann (m)	['tsɪmɐˌman]

massagista (m)	Masseur (m)	[maˈsøːɐ]
massagista (f)	Masseurin (f)	[maˈsøːʀɪn]
médico (m)	Arzt (m)	[aʁtst]

taxista (m)	Taxifahrer (m)	['taksiˌfaːʀɐ]
condutor (automobilista)	Fahrer (m)	['faːʀɐ]
entregador (m)	Ausfahrer (m)	['aʊsˌfaːʀɐ]

camareira (f)	Zimmermädchen (n)	['tsɪmɐˌmɛːtçən]
guarda (m)	Wächter (m)	['vɛçtɐ]
aeromoça (f)	Flugbegleiterin (f)	['fluːk·bəˌɡlaɪtəʀɪn]

professor (m)	Lehrer (m)	['leːʀɐ]
bibliotecário (m)	Bibliothekar (m)	[biblioteˌkaːɐ]
tradutor (m)	Übersetzer (m)	[ˌyːbɐˈzɛtsɐ]
intérprete (m)	Dolmetscher (m)	['dɔlmɛtʃɐ]
guia (m)	Fremdenführer (m)	['fʀɛmdənˌfyːʀɐ]

cabeleireiro (m)	Friseur (m)	[fʀiˈzøːɐ]
carteiro (m)	Briefträger (m)	['bʀiːfˌtʀɛːɡɐ]
vendedor (m)	Verkäufer (m)	[fɛɐˈkɔɪfɐ]

jardineiro (m)	Gärtner (m)	['ɡɛʁtnɐ]
criado (m)	Diener (m)	['diːnɐ]
criada (f)	Magd (f)	[maːkt]
empregada (f) de limpeza	Putzfrau (f)	['pʊtsˌfʀaʊ]

88. Profissões militares e postos

soldado (m) raso	einfacher Soldat (m)	['aɪnfaxɐ zɔlˈdaːt]
sargento (m)	Feldwebel (m)	['fɛltˌveːbəl]
tenente (m)	Leutnant (m)	['lɔɪtnant]
capitão (m)	Hauptmann (m)	['haʊptman]

major (m)	Major (m)	[maˈjoːɐ]
coronel (m)	Oberst (m)	['oːbɐst]
general (m)	General (m)	[ɡenəˈʀaːl]
marechal (m)	Marschall (m)	['maʁʃal]
almirante (m)	Admiral (m)	[ˌatmiˈʀaːl]
militar (m)	Militärperson (f)	[miliˈtɛːɐˌpɛʁˈzoːn]
soldado (m)	Soldat (m)	[zɔlˈdaːt]

| oficial (m) | Offizier (m) | [ɔfi'tsiːɐ] |
| comandante (m) | Kommandeur (m) | [kɔman'døːɐ] |

guarda (m) de fronteira	Grenzsoldat (m)	['gʀɛnts·zɔl̩daːt]
operador (m) de rádio	Funker (m)	['fuŋkɐ]
explorador (m)	Aufklärer (m)	['aʊf̩klɛːʀɐ]
sapador-mineiro (m)	Pionier (m)	[pɪo'niːɐ]
atirador (m)	Schütze (m)	['ʃʏtsə]
navegador (m)	Steuermann (m)	['ʃtɔɪɐˌman]

89. Oficiais. Padres

| rei (m) | König (m) | ['køːnɪç] |
| rainha (f) | Königin (f) | ['køːnɪgɪn] |

| príncipe (m) | Prinz (m) | [pʀɪnts] |
| princesa (f) | Prinzessin (f) | [pʀɪn'tsɛsɪn] |

| czar (m) | Zar (m) | [tsaːɐ] |
| czarina (f) | Zarin (f) | ['tsaːʀɪn] |

presidente (m)	Präsident (m)	[pʀɛzi'dɛnt]
ministro (m)	Minister (m)	[mi'nɪstɐ]
primeiro-ministro (m)	Ministerpräsident (m)	[mi'nɪstɐ·pʀɛziˌdɛnt]
senador (m)	Senator (m)	[ze'naːtoːɐ]

diplomata (m)	Diplomat (m)	[ˌdiplo'maːt]
cônsul (m)	Konsul (m)	['kɔnzʊl]
embaixador (m)	Botschafter (m)	['boːtˌʃaftɐ]
conselheiro (m)	Ratgeber (m)	['ʀaːtˌgeːbɐ]

funcionário (m)	Beamte (m)	[bə'ʔamtə]
prefeito (m)	Präfekt (m)	[pʀɛ'fɛkt]
Presidente (m) da Câmara	Bürgermeister (m)	['bʏʁgɐˌmaɪstɐ]

| juiz (m) | Richter (m) | ['ʀɪçtɐ] |
| procurador (m) | Staatsanwalt (m) | ['ʃtaːts?anˌvalt] |

missionário (m)	Missionar (m)	[ˌmɪsjɔ'naːɐ]
monge (m)	Mönch (m)	[mœnç]
abade (m)	Abt (m)	[apt]
rabino (m)	Rabbiner (m)	[ʀa'biːnɐ]

vizir (m)	Wesir (m)	[ve'ziːɐ]
xá (m)	Schah (n)	[ʃaχ]
xeique (m)	Scheich (m)	[ʃaɪç]

90. Profissões agrícolas

abelheiro (m)	Bienenzüchter (m)	['biːnənˌtsʏçtɐ]
pastor (m)	Hirt (m)	[hɪʁt]
agrônomo (m)	Agronom (m)	[agʀo'noːm]

criador (m) de gado	Viehzüchter (m)	['fi:ˌtsʏçtɐ]
veterinário (m)	Tierarzt (m)	['tiːɐˌʔaʁtst]

agricultor, fazendeiro (m)	Farmer (m)	['faʁmɐ]
vinicultor (m)	Winzer (m)	['vɪntsɐ]
zoólogo (m)	Zoologe (m)	[tsoo'lo:gə]
vaqueiro (m)	Cowboy (m)	['kaʊbɔɪ]

91. Profissões artísticas

ator (m)	Schauspieler (m)	['ʃaʊˌʃpi:lɐ]
atriz (f)	Schauspielerin (f)	['ʃaʊˌʃpi:lərɪn]

cantor (m)	Sänger (m)	['zɛŋɐ]
cantora (f)	Sängerin (f)	['zɛŋərɪn]

bailarino (m)	Tänzer (m)	['tɛntsɐ]
bailarina (f)	Tänzerin (f)	['tɛntsərɪn]

artista (m)	Künstler (m)	['kʏnstlɐ]
artista (f)	Künstlerin (f)	['kʏnstlərɪn]

músico (m)	Musiker (m)	['mu:zikɐ]
pianista (m)	Pianist (m)	[pɪa'nɪst]
guitarrista (m)	Gitarrist (m)	[gita'ʁɪst]

maestro (m)	Dirigent (m)	[ˌdiʁi'gɛnt]
compositor (m)	Komponist (m)	[ˌkɔmpo'nɪst]
empresário (m)	Manager (m)	['mɛnɪdʒɐ]

diretor (m) de cinema	Regisseur (m)	[ʁeʒɪ'søːɐ]
produtor (m)	Produzent (m)	[pʁodu'tsɛnt]
roteirista (m)	Drehbuchautor (m)	['dʁeːbuːχˌʔaʊtoːɐ]
crítico (m)	Kritiker (m)	['kʁiːtɪkɐ]

escritor (m)	Schriftsteller (m)	['ʃʁɪftˌʃtɛlɐ]
poeta (m)	Dichter (m)	['dɪçtɐ]
escultor (m)	Bildhauer (m)	['bɪltˌhaʊɐ]
pintor (m)	Maler (m)	['maːlɐ]

malabarista (m)	Jongleur (m)	[ʒɔŋ'gløːɐ]
palhaço (m)	Clown (m)	[klaʊn]
acrobata (m)	Akrobat (m)	[akʁo'baːt]
ilusionista (m)	Zauberkünstler (m)	['tsaʊbɐˌkʏnstlɐ]

92. Várias profissões

médico (m)	Arzt (m)	[aʁtst]
enfermeira (f)	Krankenschwester (f)	[kʁaŋkənʃvɛstɐ]
psiquiatra (m)	Psychiater (m)	[psy'çɪaːtɐ]
dentista (m)	Zahnarzt (m)	['tsaːnˌʔaʁtst]
cirurgião (m)	Chirurg (m)	[çi'ʁuʁk]

astronauta (m)	Astronaut (m)	[astʀo'naʊt]
astrônomo (m)	Astronom (m)	[astʀo'no:m]
piloto (m)	Pilot (m)	[pi'lo:t]

motorista (m)	Fahrer (m)	['fa:ʀɐ]
maquinista (m)	Lokführer (m)	['lɔk̩fy:ʀɐ]
mecânico (m)	Mechaniker (m)	[me'ça:nikɐ]

mineiro (m)	Bergarbeiter (m)	['bɛʀk?aʀ̩baɪtɐ]
operário (m)	Arbeiter (m)	['aʀbaɪtɐ]
serralheiro (m)	Schlosser (m)	['ʃlɔsɐ]
marceneiro (m)	Tischler (m)	['tɪʃlɐ]
torneiro (m)	Dreher (m)	['dʀe:ɐ]
construtor (m)	Bauarbeiter (m)	['baʊ?aʀ̩baɪtɐ]
soldador (m)	Schweißer (m)	['ʃvaɪsɐ]

professor (m)	Professor (m)	[pʀo'fɛso:ɐ]
arquiteto (m)	Architekt (m)	[aʀçi'tɛkt]
historiador (m)	Historiker (m)	[hɪs'to:ʀikɐ]
cientista (m)	Wissenschaftler (m)	['vɪsənˌʃaftlɐ]
físico (m)	Physiker (m)	['fy:zikɐ]
químico (m)	Chemiker (m)	['çe:mikɐ]

arqueólogo (m)	Archäologe (m)	[aʀçɛo'lo:gə]
geólogo (m)	Geologe (m)	[geo'lo:gə]
pesquisador (cientista)	Forscher (m)	['fɔʀʃɐ]

babysitter, babá (f)	Kinderfrau (f)	['kɪndɐˌfʀaʊ]
professor (m)	Lehrer (m)	['le:ʀɐ]

redator (m)	Redakteur (m)	[ʀedak'tø:ɐ]
redator-chefe (m)	Chefredakteur (m)	['ʃɛf·ʀedak̩tø:ɐ]
correspondente (m)	Korrespondent (m)	[kɔʀɛspɔn'dɛnt]
datilógrafa (f)	Schreibkraft (f)	['ʃʀaɪp̩kʀaft]

designer (m)	Designer (m)	[di'zaɪnɐ]
especialista (m) em informática	Computerspezialist (m)	[kɔm'pju:tɐ·ʃpetsɪa'lɪst]
programador (m)	Programmierer (m)	[pʀogʀa'mi:ʀɐ]
engenheiro (m)	Ingenieur (m)	[ɪnʒe'nɪø:ɐ]

marujo (m)	Seemann (m)	['ze:man]
marinheiro (m)	Matrose (m)	[ma'tʀo:zə]
socorrista (m)	Retter (m)	['ʀɛtɐ]

bombeiro (m)	Feuerwehrmann (m)	['fɔɪeve:ɐˌman]
polícia (m)	Polizist (m)	[poli'tsɪst]
guarda-noturno (m)	Nachtwächter (m)	['naxt̩vɛçtɐ]
detetive (m)	Detektiv (m)	[detɛk'ti:f]

funcionário (m) da alfândega	Zollbeamter (m)	['tsɔl·bəˌ?amtɐ]
guarda-costas (m)	Leibwächter (m)	['laɪp̩vɛçtɐ]
guarda (m) prisional	Gefängniswärter (m)	[gə'fɛŋnɪs·vɛʀtɐ]
inspetor (m)	Inspektor (m)	[ɪn'spɛkto:ɐ]
esportista (m)	Sportler (m)	['ʃpoʀtlɐ]
treinador (m)	Trainer (m)	['tʀɛ:nɐ]

açougueiro (m)	Fleischer (m)	['flaɪʃe]
sapateiro (m)	Schuster (m)	['ʃuːste]
comerciante (m)	Geschäftsmann (m)	[gə'ʃɛfts‚man]
carregador (m)	Ladearbeiter (m)	['laːdə‚aʁbaɪte]
estilista (m)	Modedesigner (m)	['moːdə·di'zaɪne]
modelo (f)	Modell (n)	[mo'dɛl]

93. Ocupações. Estatuto social

estudante (~ de escola)	Schüler (m)	['ʃyːle]
estudante (~ universitária)	Student (m)	[ʃtu'dɛnt]
filósofo (m)	Philosoph (m)	[filo'zoːf]
economista (m)	Ökonom (m)	[øko'noːm]
inventor (m)	Erfinder (m)	[ɛɐ'fɪnde]
desempregado (m)	Arbeitslose (m)	['aʁbaɪts‚loːzə]
aposentado (m)	Rentner (m)	['ʀɛntne]
espião (m)	Spion (m)	[ʃpi'oːn]
preso, prisioneiro (m)	Gefangene (m)	[gə'faŋənə]
grevista (m)	Streikender (m)	['ʃtʀaɪkəndə]
burocrata (m)	Bürokrat (m)	[‚byʀo'kʀaːt]
viajante (m)	Reisende (m)	['ʀaɪzəndə]
homossexual (m)	Homosexuelle (m)	[homozɛ'ksuɛlə]
hacker (m)	Hacker (m)	['hɛke]
hippie (m, f)	Hippie (m)	['hɪpi]
bandido (m)	Bandit (m)	[ban'diːt]
assassino (m)	Killer (m)	['kɪle]
drogado (m)	Drogenabhängiger (m)	['dʀoːgən‚ʔaphɛŋɪge]
traficante (m)	Drogenhändler (m)	['dʀoːgən‚hɛndle]
prostituta (f)	Prostituierte (f)	[‚pʀostitu'iːɐtə]
cafetão (m)	Zuhälter (m)	['tsuː‚hɛlte]
bruxo (m)	Zauberer (m)	['tsaʊbəʀe]
bruxa (f)	Zauberin (f)	['tsaʊbəʀɪn]
pirata (m)	Seeräuber (m)	['zeː‚ʀɔɪbe]
escravo (m)	Sklave (m)	['sklaːvə]
samurai (m)	Samurai (m)	[zamu'ʀaɪ]
selvagem (m)	Wilde (m)	['vɪldə]

Educação

94. Escola

| escola (f) | Schule (f) | ['ʃuːlə] |
| diretor (m) de escola | Schulleiter (m) | ['ʃuːlˌlaɪtə] |

aluno (m)	Schüler (m)	['ʃyːlɐ]
aluna (f)	Schülerin (f)	['ʃyːləʀɪn]
estudante (m)	Schuljunge (m)	['ʃuːlˌjʊŋə]
estudante (f)	Schulmädchen (f)	['ʃuːlˌmɛːtçən]

ensinar (vt)	lehren (vt)	['leːʀən]
aprender (vt)	lernen (vt)	['lɛʀnən]
decorar (vt)	auswendig lernen	['aʊsˌvɛndɪç 'lɛʀnən]

estudar (vi)	lernen (vi)	['lɛʀnən]
estar na escola	in der Schule sein	[ɪn deːɐ 'ʃuːlə zaɪn]
ir à escola	die Schule besuchen	[di 'ʃuːlə bə'zuːχən]

| alfabeto (m) | Alphabet (n) | [alfa'beːt] |
| disciplina (f) | Fach (n) | [faχ] |

sala (f) de aula	Klassenraum (m)	['klasənˌʀaʊm]
lição, aula (f)	Stunde (f)	['ʃtʊndə]
recreio (m)	Pause (f)	['paʊzə]
toque (m)	Schulglocke (f)	['ʃuːlˌglɔkə]
classe (f)	Schulbank (f)	['ʃuːlˌbaŋk]
quadro (m) negro	Tafel (f)	['taːfəl]

nota (f)	Note (f)	['noːtə]
boa nota (f)	gute Note (f)	['guːtə 'noːtə]
nota (f) baixa	schlechte Note (f)	['ʃlɛçtə 'noːtə]
dar uma nota	eine Note geben	['aɪnə 'noːtə 'geːbən]

erro (m)	Fehler (m)	['feːlɐ]
errar (vi)	Fehler machen	['feːlɐ 'maχən]
corrigir (~ um erro)	korrigieren (vt)	[kɔʀi'giːʀən]
cola (f)	Spickzettel (m)	['ʃpɪkˌtsɛtəl]

| dever (m) de casa | Hausaufgabe (f) | ['haʊsʔaʊfˌgaːbə] |
| exercício (m) | Übung (f) | ['yːbʊŋ] |

estar presente	anwesend sein	['anˌveːzənt zaɪn]
estar ausente	fehlen (vi)	['feːlən]
faltar às aulas	versäumen (vt)	[fɛɐ'zɔɪmən]

punir (vt)	bestrafen (vt)	[bə'ʃtʀaːfən]
punição (f)	Strafe (f)	['ʃtʀaːfə]
comportamento (m)	Benehmen (n)	[bə'neːmən]

boletim (m) escolar	Zeugnis (n)	['tsɔɪknɪs]
lápis (m)	Bleistift (m)	['blaɪʃtɪft]
borracha (f)	Radiergummi (m)	[ʀa'di:ɐˌgʊmi]
giz (m)	Kreide (f)	['kʀaɪdə]
porta-lápis (m)	Federkasten (m)	['fe:dɐˌkastən]

mala, pasta, mochila (f)	Schulranzen (m)	['ʃu:lˌʀantsən]
caneta (f)	Kugelschreiber, Stift (m)	['ku:gəlˌʃʀaɪbɐ], [ʃtɪft]
caderno (m)	Heft (n)	[hɛft]
livro (m) didático	Lehrbuch (n)	['le:ɐˌbu:x]
compasso (m)	Zirkel (m)	['tsɪʀkəl]

| traçar (vt) | zeichnen (vt) | ['tsaɪçnən] |
| desenho (m) técnico | Zeichnung (f) | ['tsaɪçnʊŋ] |

poesia (f)	Gedicht (n)	[gə'dɪçt]
de cor	auswendig	['aʊsˌvɛndɪç]
decorar (vt)	auswendig lernen	['aʊsˌvɛndɪç 'lɛʀnən]

férias (f pl)	Ferien (pl)	['fe:ʀɪən]
estar de férias	in den Ferien sein	[ɪn den 'fe:ʀɪən zaɪn]
passar as férias	Ferien verbringen	['fe:ʀɪən fɛɐ'bʀɪŋən]

teste (m), prova (f)	Test (m), Prüfung (f)	[tɛst], ['pʀy:fʊŋ]
redação (f)	Aufsatz (m)	['aʊfˌzats]
ditado (m)	Diktat (n)	[dɪk'ta:t]
exame (m), prova (f)	Prüfung (f)	['pʀy:fʊŋ]
fazer prova	Prüfungen ablegen	['pʀy:fʊŋən 'apˌle:gən]
experiência (~ química)	Experiment (n)	[ɛkspeʀi'mɛnt]

95. Colégio. Universidade

academia (f)	Akademie (f)	[akade'mi:]
universidade (f)	Universität (f)	[univɛʀzi'tɛ:t]
faculdade (f)	Fakultät (f)	[fakʊl'tɛ:t]

estudante (m)	Student (m)	[ʃtu'dɛnt]
estudante (f)	Studentin (f)	[ʃtu'dɛntɪn]
professor (m)	Lehrer (m)	['le:ʀɐ]

| auditório (m) | Hörsaal (m) | ['hø:ɐˌza:l] |
| graduado (m) | Hochschulabsolvent (m) | ['ho:xʃu:lʔapzɔlˌvɛnt] |

| diploma (m) | Diplom (n) | [di'plo:m] |
| tese (f) | Dissertation (f) | [dɪsɛʀta'tsjo:n] |

| estudo (obra) | Forschung (f) | ['fɔʀʃʊŋ] |
| laboratório (m) | Labor (n) | [la'bo:ɐ] |

| palestra (f) | Vorlesung (f) | ['fo:ɐˌle:zʊŋ] |
| colega (m) de curso | Kommilitone (m) | [ˌkɔmili'to:nə] |

| bolsa (f) de estudos | Stipendium (n) | [ʃti'pɛndɪʊm] |
| grau (m) acadêmico | akademischer Grad (m) | [aka'de:mɪʃɐ gʀa:t] |

96. Ciências. Disciplinas

matemática (f)	Mathematik (f)	[matema'ti:k]
álgebra (f)	Algebra (f)	['algebʀa]
geometria (f)	Geometrie (f)	[ˌgeome'tʀi:]

astronomia (f)	Astronomie (f)	[astʀono'mi:]
biologia (f)	Biologie (f)	[ˌbiolo'gi:]
geografia (f)	Erdkunde (f)	['e:ɐt̩kʊndə]
geologia (f)	Geologie (f)	[ˌgeolo'gi:]
história (f)	Geschichte (f)	[gə'ʃɪçtə]

medicina (f)	Medizin (f)	[medi'tsi:n]
pedagogia (f)	Pädagogik (f)	[pɛda'go:gɪk]
direito (m)	Recht (n)	[ʀɛçt]

física (f)	Physik (f)	[fy'zi:k]
química (f)	Chemie (f)	[çe'mi:]
filosofia (f)	Philosophie (f)	[filozo'fi:]
psicologia (f)	Psychologie (f)	[psyçolo'gi:]

97. Sistema de escrita. Ortografia

gramática (f)	Grammatik (f)	[gʀa'matɪk]
vocabulário (m)	Lexik (f)	['lɛksɪk]
fonética (f)	Phonetik (f)	[fo:'ne:tɪk]

substantivo (m)	Substantiv (n)	['zʊpstanti:f]
adjetivo (m)	Adjektiv (n)	['atjɛkti:f]
verbo (m)	Verb (n)	[vɛʁp]
advérbio (m)	Adverb (n)	[at'vɛʁp]

pronome (m)	Pronomen (n)	[pʀo'no:mən]
interjeição (f)	Interjektion (f)	[ˌɪntɐjɛk'tsjo:n]
preposição (f)	Präposition (f)	[pʀɛpozi'tsjo:n]

raiz (f)	Wurzel (f)	['vʊʁtsəl]
terminação (f)	Endung (f)	['ɛndʊŋ]
prefixo (m)	Vorsilbe (f)	['fo:ɐˌzɪlbə]
sílaba (f)	Silbe (f)	['zɪlbə]
sufixo (m)	Suffix (n), Nachsilbe (f)	['zʊfɪks], ['na:χˌzɪlbə]

| acento (m) | Betonung (f) | [bə'to:nʊŋ] |
| apóstrofo (f) | Apostroph (m) | [apo'stʀo:f] |

ponto (m)	Punkt (m)	[pʊŋkt]
vírgula (f)	Komma (n)	['kɔma]
ponto e vírgula (m)	Semikolon (n)	[zemi'ko:lɔn]
dois pontos (m pl)	Doppelpunkt (m)	['dɔpəlˌpʊŋkt]
reticências (f pl)	Auslassungspunkte (pl)	['aʊslasʊŋsˌpʊŋktə]

| ponto (m) de interrogação | Fragezeichen (n) | ['fʀa:gəˌtsaɪçən] |
| ponto (m) de exclamação | Ausrufezeichen (n) | ['aʊsʀu:fəˌtsaɪçən] |

aspas (f pl)	Anführungszeichen (pl)	['anfy:ʀʊŋsˌtsaɪçən]
entre aspas	in Anführungszeichen	[ɪn 'anfy:ʀʊŋsˌtsaɪçən]
parênteses (m pl)	runde Klammern (pl)	['ʀʊndə 'klamɐn]
entre parênteses	in Klammern	[ɪn 'klamɐn]
hífen (m)	Bindestrich (m)	['bɪndəˌʃtʀɪç]
travessão (m)	Gedankenstrich (m)	[gə'daŋkənˌʃtʀɪç]
espaço (m)	Leerzeichen (n)	['le:ɐˌtsaɪçən]
letra (f)	Buchstabe (m)	['bu:xˌʃta:bə]
letra (f) maiúscula	Großbuchstabe (m)	['gʀo:sbu:xˌʃta:bə]
vogal (f)	Vokal (m)	[vo'ka:l]
consoante (f)	Konsonant (m)	[ˌkɔnzo'nant]
frase (f)	Satz (m)	[zats]
sujeito (m)	Subjekt (n)	['zʊpjɛkt]
predicado (m)	Prädikat (n)	[pʀɛdi'ka:t]
linha (f)	Zeile (f)	['tsaɪlə]
em uma nova linha	in einer neuen Zeile	[ɪn 'aɪnɐ 'nɔɪən 'tsaɪlə]
parágrafo (m)	Absatz (m)	['apˌzats]
palavra (f)	Wort (n)	[vɔʀt]
grupo (m) de palavras	Wortverbindung (f)	['vɔʀtfɛɐˌbɪndʊŋ]
expressão (f)	Redensart (f)	['ʀe:dənsˌʔa:ɐt]
sinônimo (m)	Synonym (n)	[zyno'ny:m]
antônimo (m)	Antonym (n)	[anto'ny:m]
regra (f)	Regel (f)	['ʀe:gəl]
exceção (f)	Ausnahme (f)	['aʊsˌna:mə]
correto (adj)	richtig	['ʀɪçtɪç]
conjugação (f)	Konjugation (f)	[ˌkɔnjuga'tsjo:n]
declinação (f)	Deklination (f)	[ˌdeklina'tsjo:n]
caso (m)	Kasus (m)	['ka:zʊs]
pergunta (f)	Frage (f)	['fʀa:gə]
sublinhar (vt)	unterstreichen (vt)	[ˌʊntɐ'ʃtʀaɪçən]
linha (f) pontilhada	punktierte Linie (f)	[pʊŋk'ti:ɐtə 'li:nɪə]

98. Línguas estrangeiras

língua (f)	Sprache (f)	['ʃpʀa:χə]
estrangeiro (adj)	Fremd-	['fʀɛmt]
língua (f) estrangeira	Fremdsprache (f)	['fʀɛmtʃpʀa:χə]
estudar (vt)	studieren (vt)	[ʃtu'di:ʀən]
aprender (vt)	lernen (vt)	['lɛʀnən]
ler (vt)	lesen (vi, vt)	['le:zən]
falar (vi)	sprechen (vi, vt)	['ʃpʀɛçən]
entender (vt)	verstehen (vt)	[fɛɐ'ʃte:ən]
escrever (vt)	schreiben (vi, vt)	['ʃʀaɪbən]
rapidamente	schnell	[ʃnɛl]
devagar, lentamente	langsam	['laŋza:m]

fluentemente	**fließend**	['fli:sənt]
regras (f pl)	**Regeln** (pl)	['ʀe:gəln]
gramática (f)	**Grammatik** (f)	[gʀa'matɪk]
vocabulário (m)	**Vokabular** (n)	[vokabu'la:ɐ]
fonética (f)	**Phonetik** (f)	[fo:'ne:tɪk]

livro (m) didático	**Lehrbuch** (n)	['le:ɐ̯ˌbu:χ]
dicionário (m)	**Wörterbuch** (n)	['vœɐ̯teˌbu:χ]
manual (m) autodidático	**Selbstlernbuch** (n)	['zɛlpstˌlɛɐnbu:χ]
guia (m) de conversação	**Sprachführer** (m)	['ʃpʀa:χˌfy:ʀe]

fita (f) cassete	**Kassette** (f)	[ka'sɛtə]
videoteipe (m)	**Videokassette** (f)	['vi:deo·ka'sɛtə]
CD (m)	**CD** (f)	[tse:'de:]
DVD (m)	**DVD** (f)	[defaʊ'de:]

alfabeto (m)	**Alphabet** (n)	[alfa'be:t]
soletrar (vt)	**buchstabieren** (vt)	[ˌbu:χʃta'bi:ʀən]
pronúncia (f)	**Aussprache** (f)	['aʊsˌʃpʀa:χə]

sotaque (m)	**Akzent** (m)	[ak'tsɛnt]
com sotaque	**mit Akzent**	[mɪt ak'tsɛnt]
sem sotaque	**ohne Akzent**	['o:nə ak'tsɛnt]

palavra (f)	**Wort** (n)	[vɔʀt]
sentido (m)	**Bedeutung** (f)	[bə'dɔɪtʊŋ]

curso (m)	**Kurse** (pl)	['kʊʀzə]
inscrever-se (vr)	**sich einschreiben**	[zɪç 'aɪnˌʃʀaɪbən]
professor (m)	**Lehrer** (m)	['le:ʀe]

tradução (processo)	**Übertragung** (f)	[ˌy:be'tʀa:gʊŋ]
tradução (texto)	**Übersetzung** (f)	[ˌy:be'zɛtsʊŋ]
tradutor (m)	**Übersetzer** (m)	[ˌy:be'zɛtse]
intérprete (m)	**Dolmetscher** (m)	['dɔlmɛtʃe]

poliglota (m)	**Polyglott** (m, f)	[poly'glɔt]
memória (f)	**Gedächtnis** (n)	[gə'dɛçtnɪs]

Descanso. Entretenimento. Viagens

99. Viagens

turismo (m)	Tourismus (m)	[tu'ʀɪsmʊs]
turista (m)	Tourist (m)	[tu'ʀɪst]
viagem (f)	Reise (f)	['ʀaɪzə]
aventura (f)	Abenteuer (n)	['a:bəntɔɪɐ]
percurso (curta viagem)	Fahrt (f)	[fa:ɐt]

férias (f pl)	Urlaub (m)	['u:ɐˌlaʊp]
estar de férias	auf Urlaub sein	[aʊf 'u:ɐˌlaʊp zaɪn]
descanso (m)	Erholung (f)	[ɛɐ'ho:lʊŋ]

trem (m)	Zug (m)	[tsu:k]
de trem (chegar ~)	mit dem Zug	[mɪt dem tsu:k]
avião (m)	Flugzeug (n)	['flu:kˌtsɔɪk]
de avião	mit dem Flugzeug	[mɪt dem 'flu:kˌtsɔɪk]
de carro	mit dem Auto	[mɪt dem 'aʊto]
de navio	mit dem Schiff	[mɪt dem ʃɪf]

bagagem (f)	Gepäck (n)	[gə'pɛk]
mala (f)	Koffer (m)	['kɔfɐ]
carrinho (m)	Gepäckwagen (m)	[gə'pɛkˌva:gən]

passaporte (m)	Pass (m)	[pas]
visto (m)	Visum (n)	['vi:zʊm]
passagem (f)	Fahrkarte (f)	['fa:ɐˌkaɐtə]
passagem (f) aérea	Flugticket (n)	['flu:kˌtɪkət]

guia (m) de viagem	Reiseführer (m)	['ʀaɪzəˌfy:ʀɐ]
mapa (m)	Landkarte (f)	['lantˌkaɐtə]
área (f)	Gegend (f)	['ge:gənt]
lugar (m)	Ort (m)	[ɔɐt]

exotismo (m)	Exotika (pl)	[ɛ'kso:tika]
exótico (adj)	exotisch	[ɛ'kso:tɪʃ]
surpreendente (adj)	erstaunlich	[ɛɐ'ʃtaʊnlɪç]

grupo (m)	Gruppe (f)	['gʀʊpə]
excursão (f)	Ausflug (m)	['aʊsˌflu:k]
guia (m)	Reiseleiter (m)	['ʀaɪzəˌlaɪtɐ]

100. Hotel

hotel (m)	Hotel (n)	[ho'tɛl]
motel (m)	Motel (n)	[mo'tɛl]
três estrelas	drei Sterne	[dʀaɪ 'ʃtɛɐnə]

cinco estrelas	**fünf Sterne**	[fʏnf 'ʃtɛʁnə]
ficar (vi, vt)	**absteigen** (vi)	['apˌʃtaɪɡən]
quarto (m)	**Hotelzimmer** (n)	[ho'tɛlˌtsɪmɐ]
quarto (m) individual	**Einzelzimmer** (n)	['aɪntsəlˌtsɪmɐ]
quarto (m) duplo	**Zweibettzimmer** (n)	['tsvaɪbɛtˌtsɪmɐ]
reservar um quarto	**reservieren** (vt)	[ʁezɛʁ'viːʁən]
meia pensão (f)	**Halbpension** (f)	['halp·panˌzjoːn]
pensão (f) completa	**Vollpension** (f)	['fɔl·panˌzjoːn]
com banheira	**mit Bad**	[mɪt 'baːt]
com chuveiro	**mit Dusche**	[mɪt 'duːʃə]
televisão (m) por satélite	**Satellitenfernsehen** (n)	[zatɛ'liːtənˌfɛʁnzeːən]
ar (m) condicionado	**Klimaanlage** (f)	['kliːmaˌʔanlaːɡə]
toalha (f)	**Handtuch** (n)	['hantˌtuːx]
chave (f)	**Schlüssel** (m)	['ʃlʏsəl]
administrador (m)	**Verwalter** (m)	[fɛʁ'valtɐ]
camareira (f)	**Zimmermädchen** (n)	['tsɪmɐˌmɛːtçən]
bagageiro (m)	**Träger** (m)	['tʁɛːɡɐ]
porteiro (m)	**Portier** (m)	[pɔʁ'tɪeː]
restaurante (m)	**Restaurant** (n)	[ʁɛsto'ʁaŋ]
bar (m)	**Bar** (f)	[baːɐ]
café (m) da manhã	**Frühstück** (n)	['fʁyːˌʃtʏk]
jantar (m)	**Abendessen** (n)	['aːbəntˌʔɛsən]
bufê (m)	**Buffet** (n)	[bʏ'feː]
saguão (m)	**Foyer** (n)	[foa'jeː]
elevador (m)	**Aufzug** (m), **Fahrstuhl** (m)	['aʊfˌtsuːk], ['faːɐˌʃtuːl]
NÃO PERTURBE	**BITTE NICHT STÖREN!**	['bɪtə nɪçt 'ʃtøːʁən]
PROIBIDO FUMAR!	**RAUCHEN VERBOTEN!**	['ʁaʊxən fɛʁ'boːtən]

EQUIPAMENTO TÉCNICO. TRANSPORTES

Equipamento técnico. Transportes

101. Computador

computador (m)	Computer (m)	[kɔm'pjuːtɐ]
computador (m) portátil	Laptop (m), Notebook (n)	['lɛptɔp], ['nɔutbʊk]
ligar (vt)	einschalten (vt)	['aɪnʃaltən]
desligar (vt)	abstellen (vt)	['apʃtɛlən]
teclado (m)	Tastatur (f)	[tasta'tuːɐ]
tecla (f)	Taste (f)	['tastə]
mouse (m)	Maus (f)	[maʊs]
tapete (m) para mouse	Mousepad (n)	['maʊspɛt]
botão (m)	Knopf (m)	[knɔpf]
cursor (m)	Cursor (m)	['køːɐzɐ]
monitor (m)	Monitor (m)	['moːnitoːɐ]
tela (f)	Schirm (m)	[ʃɪɐm]
disco (m) rígido	Festplatte (f)	['fɛstplatə]
capacidade (f) do disco rígido	Festplattengröße (f)	['fɛstplatən,grøːsə]
memória (f)	Speicher (m)	['ʃpaɪçɐ]
memória RAM (f)	Arbeitsspeicher (m)	['aʁbaɪtsʃpaɪçɐ]
arquivo (m)	Datei (f)	[da'taɪ]
pasta (f)	Ordner (m)	['ɔʁdnɐ]
abrir (vt)	öffnen (vt)	['œfnən]
fechar (vt)	schließen (vt)	['ʃliːsən]
salvar (vt)	speichern (vt)	['ʃpaɪçɐn]
deletar (vt)	löschen (vt)	['lœʃən]
copiar (vt)	kopieren (vt)	[ko'piːʁən]
ordenar (vt)	sortieren (vt)	[zɔʁ'tiːʁən]
copiar (vt)	transferieren (vt)	[tʁansfə'ʁiːʁən]
programa (m)	Programm (n)	[pʁo'gʁam]
software (m)	Software (f)	['sɔftwɛːɐ]
programador (m)	Programmierer (m)	[pʁogʁa'miːʁɐ]
programar (vt)	programmieren (vt)	[pʁogʁa'miːʁən]
hacker (m)	Hacker (m)	['hɛkɐ]
senha (f)	Kennwort (n)	['kɛn,vɔʁt]
vírus (m)	Virus (m, n)	['viːʁʊs]
detectar (vt)	entdecken (vt)	[ɛnt'dɛkən]
byte (m)	Byte (n)	[baɪt]

megabyte (m)	Megabyte (n)	['me:ga͵baɪt]
dados (m pl)	Daten (pl)	['da:tən]
base (f) de dados	Datenbank (f)	['da:tən͵baŋk]

cabo (m)	Kabel (n)	['ka:bəl]
desconectar (vt)	trennen (vt)	['tʀɛnən]
conectar (vt)	anschließen (vt)	['anˌʃli:sən]

102. Internet. E-mail

internet (f)	Internet (n)	['ɪntɛnɛt]
browser (m)	Browser (m)	['bʀaʊzɐ]
motor (m) de busca	Suchmaschine (f)	['zu:χ·maˌʃi:nə]
provedor (m)	Provider (m)	[ˌpʀo'vaɪdɐ]

webmaster (m)	Webmaster (m)	['vɛp͵ma:stɐ]
website (m)	Website (f)	['vɛp͵saɪt]
web page (f)	Webseite (f)	['vɛp͵zaɪtə]

| endereço (m) | Adresse (f) | [a'dʀɛsə] |
| livro (m) de endereços | Adressbuch (n) | [a'dʀɛs͵bu:χ] |

caixa (f) de correio	Mailbox (f)	['mɛjl͵bɔks]
correio (m)	Post (f)	[pɔst]
cheia (caixa de correio)	überfüllt	[y:bɐ'fʏlt]

mensagem (f)	Mitteilung (f)	['mɪt͵taɪlʊŋ]
mensagens (f pl) recebidas	eingehenden Nachrichten	['aɪn͵ge:əndən 'na:χʀɪçtən]
mensagens (f pl) enviadas	ausgehenden Nachrichten	['aʊs͵ge:əndən 'na:χʀɪçtən]

remetente (m)	Absender (m)	['ap͵zɛndɐ]
enviar (vt)	senden (vt)	['zɛndən]
envio (m)	Absendung (f)	['ap͵zɛndʊŋ]

| destinatário (m) | Empfänger (m) | [ɛm'pfɛŋɐ] |
| receber (vt) | empfangen (vt) | [ɛm'pfaŋən] |

| correspondência (f) | Briefwechsel (m) | ['bʀi:f͵vɛksəl] |
| corresponder-se (vr) | im Briefwechsel stehen | [ɪm 'bʀi:f͵vɛksəl 'ʃte:ən] |

arquivo (m)	Datei (f)	[da'taɪ]
fazer download, baixar (vt)	herunterladen (vt)	[hɛ'ʀʊntɐ͵la:dən]
criar (vt)	schaffen (vt)	['ʃafən]
deletar (vt)	löschen (vt)	['lœʃən]
deletado (adj)	gelöscht	[gə'lœʃt]

conexão (f)	Verbindung (f)	[fɛɐ'bɪndʊŋ]
velocidade (f)	Geschwindigkeit (f)	[gə'ʃvɪndɪç·kaɪt]
modem (m)	Modem (m, n)	['mo:dɛm]
acesso (m)	Zugang (m)	['tsu:gaŋ]
porta (f)	Port (m)	[pɔʀt]
conexão (f)	Anschluss (m)	['anʃlʊs]

conectar (vi)	sich anschließen	[zɪç 'anˌʃliːsən]
escolher (vt)	auswählen (vt)	['aʊsˌvɛːlən]
buscar (vt)	suchen (vt)	['zuːχən]

103. Eletricidade

eletricidade (f)	Elektrizität (f)	[elɛktʀitsi'tɛːt]
elétrico (adj)	elektrisch	[e'lɛktʀɪʃ]
planta (f) elétrica	Elektrizitätswerk (n)	[elɛktʀitsi'tɛːtsˌvɛʀk]
energia (f)	Energie (f)	[enɛʀ'giː]
energia (f) elétrica	Strom (m)	[ʃtʀoːm]
lâmpada (f)	Glühbirne (f)	['glyːˌbɪʀnə]
lanterna (f)	Taschenlampe (f)	['taʃənˌlampə]
poste (m) de iluminação	Straßenlaterne (f)	['ʃtʀaːsənˈlaˌtɛʀnə]
luz (f)	Licht (n)	[lɪçt]
ligar (vt)	einschalten (vt)	['aɪnʃaltən]
desligar (vt)	ausschalten (vt)	['aʊsʃaltən]
apagar a luz	das Licht ausschalten	[das lɪçt 'aʊsʃaltən]
queimar (vi)	durchbrennen (vi)	['dʊʀçˌbʀɛnən]
curto-circuito (m)	Kurzschluss (m)	['kʊʀtsʃlʊs]
ruptura (f)	Riß (m)	[ʀɪs]
contato (m)	Kontakt (m)	[kɔn'takt]
interruptor (m)	Schalter (m)	['ʃaltɐ]
tomada (de parede)	Steckdose (f)	['ʃtɛkˌdoːzə]
plugue (m)	Stecker (m)	['ʃtɛkɐ]
extensão (f)	Verlängerung (f)	[fɛɐ'lɛŋəʀʊŋ]
fusível (m)	Sicherung (f)	['zɪçəʀʊŋ]
fio, cabo (m)	Draht (m)	[dʀaːt]
instalação (f) elétrica	Verdrahtung (f)	[fɛɐ'dʀaːtʊŋ]
ampère (m)	Ampere (n)	[am'peːɐ]
amperagem (f)	Stromstärke (f)	['ʃtʀoːmˌʃtɛʀkə]
volt (m)	Volt (n)	[vɔlt]
voltagem (f)	Voltspannung (f)	['vɔltʃpanʊŋ]
aparelho (m) elétrico	Elektrogerät (n)	[e'lɛktʀoˈgəˌʀɛːt]
indicador (m)	Indikator (m)	[ɪndi'kaːtoːɐ]
eletricista (m)	Elektriker (m)	[ˌe'lɛktʀikɐ]
soldar (vt)	löten (vt)	['løːtən]
soldador (m)	Lötkolben (m)	['løːtˌkɔlbən]
corrente (f) elétrica	Strom (m)	[ʃtʀoːm]

104. Ferramentas

ferramenta (f)	Werkzeug (n)	['vɛʀkˌtsɔɪk]
ferramentas (f pl)	Werkzeuge (pl)	['vɛʀkˌtsɔɪgə]

equipamento (m)	Ausrüstung (f)	['aʊsˌʀʏstʊŋ]
martelo (m)	Hammer (m)	['hamɐ]
chave (f) de fenda	Schraubenzieher (m)	['ʃʀaʊbəntsiːɐ]
machado (m)	Axt (f)	[akst]
serra (f)	Säge (f)	['zɛːgə]
serrar (vt)	sägen (vt)	['zɛːgən]
plaina (f)	Hobel (m)	['hoːbl]
aplainar (vt)	hobeln (vt)	['hoːbəln]
soldador (m)	Lötkolben (m)	['løːtˌkɔlbən]
soldar (vt)	löten (vt)	['løːtən]
lima (f)	Feile (f)	['faɪlə]
tenaz (f)	Kneifzange (f)	['knaɪfˌtsaŋə]
alicate (m)	Flachzange (f)	['flaxˌtsaŋə]
formão (m)	Stemmeisen (n)	['ʃtɛmˌʔaɪzən]
broca (f)	Bohrer (m)	['boːʀɐ]
furadeira (f) elétrica	Bohrmaschine (f)	['boːɐ·maˌʃiːnə]
furar (vt)	bohren (vt)	['boːʀən]
faca (f)	Messer (n)	['mɛsɐ]
lâmina (f)	Klinge (f)	['klɪŋə]
afiado (adj)	scharf	[ʃaʁf]
cego (adj)	stumpf	[ʃtʊmpf]
embotar-se (vr)	stumpf werden (vi)	[ʃtʊmpf 'veːɐdən]
afiar, amolar (vt)	schärfen (vt)	['ʃɛʁfən]
parafuso (m)	Bolzen (m)	['bɔltsən]
porca (f)	Mutter (f)	['mʊtɐ]
rosca (f)	Gewinde (n)	[gə'vɪndə]
parafuso (para madeira)	Holzschraube (f)	['hɔltsˌʃʀaʊbə]
prego (m)	Nagel (m)	['naːgəl]
cabeça (f) do prego	Nagelkopf (m)	['naːgəlˌkɔpf]
régua (f)	Lineal (n)	[line'aːl]
fita (f) métrica	Metermaß (n)	['meːtɐˌmaːs]
nível (m)	Wasserwaage (f)	['vasɐˌvaːgə]
lupa (f)	Lupe (f)	['luːpə]
medidor (m)	Messinstrument (n)	['mɛsʔɪnstʀuˌmɛnt]
medir (vt)	messen (vt)	['mɛsən]
escala (f)	Skala (f)	['skaːla]
indicação (f), registro (m)	Ablesung (f)	['apleːzʊŋ]
compressor (m)	Kompressor (m)	[kɔm'pʀɛsoːɐ]
microscópio (m)	Mikroskop (n)	[mikʀo'skoːp]
bomba (f)	Pumpe (f)	['pʊmpə]
robô (m)	Roboter (m)	['ʀɔbɔtɐ]
laser (m)	Laser (m)	['leːzɐ]
chave (f) de boca	Schraubenschlüssel (m)	['ʃʀaʊbənˌʃlʏsəl]
fita (f) adesiva	Klebeband (n)	['kleːbəˌbant]

cola (f)	Klebstoff (m)	['kle:pˌʃtɔf]
lixa (f)	Sandpapier (n)	['zant·paˌpi:ɐ]
mola (f)	Sprungfeder (f)	['ʃpʀʊŋˌfe:dɐ]
ímã (m)	Magnet (m)	[ma'gne:t]
luva (f)	Handschuhe (pl)	['hantʃu:ə]

corda (f)	Leine (f)	['laɪnə]
cabo (~ de nylon, etc.)	Schnur (f)	[ʃnu:ɐ]
fio (m)	Draht (m)	[dʀa:t]
cabo (~ elétrico)	Kabel (n)	['ka:bəl]

marreta (f)	schwerer Hammer (m)	['ʃve:ʀɐ 'hamɐ]
pé de cabra (m)	Brecheisen (n)	['bʀɛçˌʔaɪzən]
escada (f) de mão	Leiter (f)	['laɪtɐ]
escada (m)	Trittleiter (f)	['tʀɪtˌlaɪtɐ]

enroscar (vt)	zudrehen (vt)	[tsu:'dʀe:ən]
desenroscar (vt)	abdrehen (vt)	['apˌdʀe:ən]
apertar (vt)	zusammendrücken (vt)	[tsu'zamənˌdʀʏkən]
colar (vt)	ankleben (vt)	['anˌkle:bən]
cortar (vt)	schneiden (vt)	['ʃnaɪdən]

falha (f)	Störung (f)	['ʃtø:ʀʊŋ]
conserto (m)	Reparatur (f)	[ʀepaʀa'tu:ɐ]
consertar, reparar (vt)	reparieren (vt)	[ʀepa'ʀi:ʀən]
regular, ajustar (vt)	einstellen (vt)	['aɪnˌʃtɛlən]

verificar (vt)	prüfen (vt)	['pʀy:fən]
verificação (f)	Prüfung (f)	['pʀy:fʊŋ]
indicação (f), registro (m)	Ablesung (f)	['aple:zʊŋ]

seguro (adj)	sicher	['zɪçɐ]
complicado (adj)	kompliziert	[kɔmpli'tsi:ɐt]

enferrujar (vi)	verrosten (vi)	[fɛɐ'ʀɔstən]
enferrujado (adj)	rostig	['ʀɔstɪç]
ferrugem (f)	Rost (m)	[ʀɔst]

Transportes

105. Avião

avião (m)	Flugzeug (n)	['flu:k͜tsɔɪk]
passagem (f) aérea	Flugticket (n)	['flu:k͜tɪkət]
companhia (f) aérea	Fluggesellschaft (f)	['flu:kgə͜zɛlʃaft]
aeroporto (m)	Flughafen (m)	['flu:k͜ha:fən]
supersônico (adj)	Überschall-	['y:bə͜ʃal]
comandante (m) do avião	Flugkapitän (m)	['flu:k·kapi͜tɛ:n]
tripulação (f)	Besatzung (f)	[bə'zatsʊŋ]
piloto (m)	Pilot (m)	[pi'lo:t]
aeromoça (f)	Flugbegleiterin (f)	['flu:k·bə͜glaɪtəʀɪn]
copiloto (m)	Steuermann (m)	['ʃtɔɪɐ͜man]
asas (f pl)	Flügel (pl)	['fly:gəl]
cauda (f)	Schwanz (m)	[ʃvants]
cabine (f)	Kabine (f)	[ka'bi:nə]
motor (m)	Motor (m)	['mo:to:ɐ]
trem (m) de pouso	Fahrgestell (n)	['fa:ɐ·gə͜ʃtɛl]
turbina (f)	Turbine (f)	[tʊɐ'bi:nə]
hélice (f)	Propeller (m)	[pʀo'pɛlɐ]
caixa-preta (f)	Flugschreiber (m)	['flu:k͜ʃʀaɪbɐ]
coluna (f) de controle	Steuerrad (n)	['ʃtɔɪɐ͜ʀa:t]
combustível (m)	Treibstoff (m)	['tʀaɪp͜ʃtɔf]
instruções (f pl) de segurança	Sicherheitskarte (f)	['zɪçɐhaɪts͜kaɐtə]
máscara (f) de oxigênio	Sauerstoffmaske (f)	['zaʊɐʃtɔf͜maskə]
uniforme (m)	Uniform (f)	['ʊni͜fɔɐm]
colete (m) salva-vidas	Rettungsweste (f)	['ʀɛtʊŋs͜vɛstə]
paraquedas (m)	Fallschirm (m)	['fal͜ʃɪɐm]
decolagem (f)	Abflug, Start (m)	['ap͜flu:k], [ʃtaɐt]
descolar (vi)	starten (vi)	['ʃtaɐtən]
pista (f) de decolagem	Startbahn (f)	['ʃtaɐtba:n]
visibilidade (f)	Sicht (f)	[zɪçt]
voo (m)	Flug (m)	[flu:k]
altura (f)	Höhe (f)	['hø:ə]
poço (m) de ar	Luftloch (n)	['lʊft͜lɔx]
assento (m)	Platz (m)	[plats]
fone (m) de ouvido	Kopfhörer (m)	['kɔpf͜hø:ʀɐ]
mesa (f) retrátil	Klapptisch (m)	['klap͜tɪʃ]
janela (f)	Bullauge (n)	['bʊl͜ʔaʊgə]
corredor (m)	Durchgang (m)	['dʊɐç͜gaŋ]

106. Comboio

trem (m)	Zug (m)	[tsu:k]
trem (m) elétrico	elektrischer Zug (m)	[e'lɛktrɪʃe tsu:k]
trem (m)	Schnellzug (m)	['ʃnɛl̩tsu:k]
locomotiva (f) diesel	Diesellok (f)	['di:zəl̩lɔk]
locomotiva (f) a vapor	Dampflok (f)	['dampf̩lɔk]
vagão (f) de passageiros	Personenwagen (m)	[pɛʁ'zo:nən̩va:gən]
vagão-restaurante (m)	Speisewagen (m)	['ʃpaɪzə̩va:gən]
carris (m pl)	Schienen (pl)	['ʃi:nən]
estrada (f) de ferro	Eisenbahn (f)	['aɪzən·ba:n]
travessa (f)	Bahnschwelle (f)	['ba:n̩ʃvɛlə]
plataforma (f)	Bahnsteig (m)	['ba:n̩ʃtaɪk]
linha (f)	Gleis (n)	['glaɪs]
semáforo (m)	Eisenbahnsignal (n)	['aɪzənba:n·zɪ'gna:l]
estação (f)	Station (f)	[ʃta'tsjo:n]
maquinista (m)	Lokführer (m)	['lɔk̩fy:ʁɐ]
bagageiro (m)	Träger (m)	['tʁɛ:gɐ]
hospedeiro, -a (m, f)	Schaffner (m)	['ʃafnɐ]
passageiro (m)	Fahrgast (m)	['fa:ɐ̩gast]
revisor (m)	Kontrolleur (m)	[kɔntʁo'lø:ɐ]
corredor (m)	Flur (m)	[flu:ɐ]
freio (m) de emergência	Notbremse (f)	['no:t̩bʁɛmzə]
compartimento (m)	Abteil (n)	[ap'taɪl]
cama (f)	Liegeplatz (m), Schlafkoje (f)	['li:gə̩plats], ['ʃla:f̩ko:jə]
cama (f) de cima	oberer Liegeplatz (m)	['o:bɐʁe 'li:gə̩plats]
cama (f) de baixo	unterer Liegeplatz (m)	['ʊntɐʁe 'li:gə̩plats]
roupa (f) de cama	Bettwäsche (f)	['bɛt̩vɛʃə]
passagem (f)	Fahrkarte (f)	['fa:ɐ̩kaʁtə]
horário (m)	Fahrplan (m)	['fa:ɐ̩pla:n]
painel (m) de informação	Anzeigetafel (f)	['antsaɪgə̩ta:fəl]
partir (vt)	abfahren (vi)	['ap̩fa:ʁən]
partida (f)	Abfahrt (f)	['ap̩fa:ɐt]
chegar (vi)	ankommen (vi)	['an̩kɔmən]
chegada (f)	Ankunft (f)	['ankʊnft]
chegar de trem	mit dem Zug kommen	[mɪt dem tsu:k 'kɔmən]
pegar o trem	in den Zug einsteigen	[ɪn den tsu:k 'aɪn̩ʃtaɪgən]
descer de trem	aus dem Zug aussteigen	['aʊs dem tsu:k 'aʊs̩ʃtaɪgən]
acidente (m) ferroviário	Zugunglück (n)	['tsu:k?ʊn̩glʏk]
descarrilar (vi)	entgleisen (vi)	[ɛnt'glaɪzən]
locomotiva (f) a vapor	Dampflok (f)	['dampf̩lɔk]
foguista (m)	Heizer (m)	['haɪtsɐ]
fornalha (f)	Feuerbuchse (f)	['fɔɪɐ̩bʊksə]
carvão (m)	Kohle (f)	['ko:lə]

107. Barco

navio (m)	Schiff (n)	[ʃɪf]
embarcação (f)	Fahrzeug (n)	['faːɐˌtsɔɪk]
barco (m) a vapor	Dampfer (m)	['dampfɐ]
barco (m) fluvial	Motorschiff (n)	['moːtoːɐˌʃɪf]
transatlântico (m)	Kreuzfahrtschiff (n)	['kʀɔɪtsfaːɐtˌʃɪf]
cruzeiro (m)	Kreuzer (m)	['kʀɔɪtsɐ]
iate (m)	Jacht (f)	[jaχt]
rebocador (m)	Schlepper (m)	['ʃlɛpɐ]
barcaça (f)	Lastkahn (m)	[lastˌkaːn]
ferry (m)	Fähre (f)	['fɛːʀə]
veleiro (m)	Segelschiff (n)	['zeːɡəlˌʃɪf]
bergantim (m)	Brigantine (f)	[bʀiganˈtiːnə]
quebra-gelo (m)	Eisbrecher (m)	['aɪsˌbʀɛçɐ]
submarino (m)	U-Boot (n)	['uːboːt]
bote, barco (m)	Boot (n)	['boːt]
baleeira (bote salva-vidas)	Dingi (n)	['dɪŋɡi]
bote (m) salva-vidas	Rettungsboot (n)	['ʀɛtʊŋsˌboːt]
lancha (f)	Motorboot (n)	['moːtoːɐˌboːt]
capitão (m)	Kapitän (m)	[kapiˈtɛn]
marinheiro (m)	Matrose (m)	[maˈtʀoːzə]
marujo (m)	Seemann (m)	['zeːman]
tripulação (f)	Besatzung (f)	[bəˈzatsʊŋ]
contramestre (m)	Bootsmann (m)	['boːtsman]
grumete (m)	Schiffsjunge (m)	['ʃɪfsjʊŋə]
cozinheiro (m) de bordo	Schiffskoch (m)	['ʃɪfsˌkɔχ]
médico (m) de bordo	Schiffsarzt (m)	['ʃɪfsˌʔaʀtst]
convés (m)	Deck (n)	[dɛk]
mastro (m)	Mast (m)	[mast]
vela (f)	Segel (n)	[zeːɡəl]
porão (m)	Schiffsraum (m)	['ʃɪfsˌʀaʊm]
proa (f)	Bug (m)	[buːk]
popa (f)	Heck (n)	[hɛk]
remo (m)	Ruder (n)	['ʀuːdɐ]
hélice (f)	Schraube (f)	['ʃʀaʊbə]
cabine (m)	Kajüte (f)	[kaˈjyːtə]
sala (f) dos oficiais	Messe (f)	['mɛsə]
sala (f) das máquinas	Maschinenraum (m)	[maˈʃiːnənˌʀaʊm]
ponte (m) de comando	Brücke (f)	['bʀʏkə]
sala (f) de comunicações	Funkraum (m)	['fʊŋkˌʀaʊm]
onda (f)	Radiowelle (f)	['ʀaːdɪoˌvɛlə]
diário (m) de bordo	Schiffstagebuch (n)	['ʃɪfsˌtaːɡəbuːχ]
luneta (f)	Fernrohr (n)	['fɛʀnˌʀoːɐ]
sino (m)	Glocke (f)	['ɡlɔkə]

bandeira (f)	Fahne (f)	['fa:nə]
cabo (m)	Seil (n)	[zaɪl]
nó (m)	Knoten (m)	['kno:tən]

corrimão (m)	Geländer (n)	[gə'lɛndɐ]
prancha (f) de embarque	Treppe (f)	['tʀɛpə]

âncora (f)	Anker (m)	['aŋkɐ]
recolher a âncora	den Anker lichten	[den 'aŋkɐ 'lɪçtən]
jogar a âncora	Anker werfen	['aŋkɐ ˌvɛʀfən]
amarra (corrente de âncora)	Ankerkette (f)	['ankɐˌkɛtə]

porto (m)	Hafen (m)	['ha:fən]
cais, amarradouro (m)	Anlegestelle (f)	['anle:gəˌʃtɛlə]
atracar (vi)	anlegen (vi)	['anˌle:gən]
desatracar (vi)	abstoßen (vt)	['apˌʃto:sən]

viagem (f)	Reise (f)	['ʀaɪzə]
cruzeiro (m)	Kreuzfahrt (f)	['kʀɔɪtsˌfa:ɐt]
rumo (m)	Kurs (m)	[kuʀs]
itinerário (m)	Reiseroute (f)	['ʀaɪzəˌʀu:tə]

canal (m) de navegação	Fahrwasser (n)	['fa:ɐˌvasɐ]
banco (m) de areia	Untiefe (f)	['ʊnˌti:fə]
encalhar (vt)	stranden (vi)	['ʃtʀandən]

tempestade (f)	Sturm (m)	[ʃtuʀm]
sinal (m)	Signal (n)	[zɪ'gna:l]
afundar-se (vr)	untergehen (vi)	['ʊnteˌge:ən]
Homem ao mar!	Mann über Bord!	[man 'y:bɐ bɔʀt]
SOS	SOS	[ɛso:'ʔɛs]
boia (f) salva-vidas	Rettungsring (m)	['ʀɛtʊŋsˌʀɪŋ]

108. Aeroporto

aeroporto (m)	Flughafen (m)	['flu:kˌha:fən]
avião (m)	Flugzeug (n)	['flu:kˌtsɔɪk]
companhia (f) aérea	Fluggesellschaft (f)	['flu:kgəˌzɛlʃaft]
controlador (m) de tráfego aéreo	Fluglotse (m)	['flu:kˌlo:tsə]

partida (f)	Abflug (m)	['apˌflu:k]
chegada (f)	Ankunft (f)	['ankʊnft]
chegar (vi)	anfliegen (vi)	['anˌfli:gən]

hora (f) de partida	Abflugzeit (f)	['apflu:kˌtsaɪt]
hora (f) de chegada	Ankunftszeit (f)	['ankʊnftsˌtsaɪt]

estar atrasado	sich verspäten	[zɪç fɛɐ'ʃpɛ:tən]
atraso (m) de voo	Abflugverspätung (f)	['apflu:k·fɛɐ'ʃpɛ:tʊŋ]

painel (m) de informação	Anzeigetafel (f)	['antsaɪgəˌta:fəl]
informação (f)	Information (f)	[ɪnfɔʀma'tsjo:n]
anunciar (vt)	ankündigen (vt)	['ankʏndɪgən]

voo (m)	**Flug** (m)	[fluːk]
alfândega (f)	**Zollamt** (n)	['tsɔl‚ʔamt]
funcionário (m) da alfândega	**Zollbeamter** (m)	['tsɔl‧bə‚ʔamtɐ]
declaração (f) alfandegária	**Zolldeklaration** (f)	['tsɔl‧deklaʀa'tsjoːn]
preencher (vt)	**ausfüllen** (vt)	['aʊs‚fʏlən]
preencher a declaração	**die Zollerklärung ausfüllen**	[di 'tsɔl‧ɛɐ'klɛːʀʊŋ 'aʊs‚fʏlən]
controle (m) de passaporte	**Passkontrolle** (f)	['pas‧kɔn‚tʀɔlə]
bagagem (f)	**Gepäck** (n)	[gə'pɛk]
bagagem (f) de mão	**Handgepäck** (n)	['hant‧gə‚pɛk]
carrinho (m)	**Kofferkuli** (m)	['kɔfɐ‚kuːli]
pouso (m)	**Landung** (f)	['landʊŋ]
pista (f) de pouso	**Landebahn** (f)	['landə‚baːn]
aterrissar (vi)	**landen** (vi)	['landən]
escada (f) de avião	**Fluggasttreppe** (f)	['fluːkgast‚tʀɛpə]
check-in (m)	**Check-in** (n)	[tʃɛk?in]
balcão (m) do check-in	**Check-in-Schalter** (m)	[tʃɛk?in 'ʃaltɐ]
fazer o check-in	**sich registrieren lassen**	[zɪç ʀegɪs'tʀiːʀən 'lasən]
cartão (m) de embarque	**Bordkarte** (f)	['bɔʁt‚kaʁtə]
portão (m) de embarque	**Abfluggate** (n)	['apfluːk‚geɪt]
trânsito (m)	**Transit** (m)	[tʀan'ziːt]
esperar (vi, vt)	**warten** (vi)	['vaʁtən]
sala (f) de espera	**Wartesaal** (m)	['vaʁtə‚zaːl]
despedir-se (acompanhar)	**begleiten** (vt)	[bə'glaɪtən]
despedir-se (dizer adeus)	**sich verabschieden**	[zɪç fɛɐ'apʃiːdən]

Eventos

109. Férias. Evento

festa (f)	**Fest** (n)	[fɛst]
feriado (m) nacional	**Nationalfeiertag** (m)	[natsjoˈnaːlˌfaɪɐtaːk]
feriado (m)	**Feiertag** (m)	[ˈfaɪɐˌtaːk]
festejar (vt)	**feiern** (vt)	[ˈfaɪɐn]
evento (festa, etc.)	**Ereignis** (n)	[ɛɐˈʔaɪgnɪs]
evento (banquete, etc.)	**Veranstaltung** (f)	[fɛɐˈʔanʃtaltʊŋ]
banquete (m)	**Bankett** (n)	[baŋˈkɛt]
recepção (f)	**Empfang** (m)	[ɛmˈpfaŋ]
festim (m)	**Festmahl** (n)	[ˈfɛstˌmaːl]
aniversário (m)	**Jahrestag** (m)	[ˈjaːʀəsˌtaːk]
jubileu (m)	**Jubiläumsfeier** (f)	[jubiˈlɛːʊmsˌfaɪɐ]
celebrar (vt)	**begehen** (vt)	[bəˈgeːən]
Ano (m) Novo	**Neujahr** (n)	[ˈnɔɪjaːɐ]
Feliz Ano Novo!	**Frohes Neues Jahr!**	[ˌfʀoːəs ˈnɔɪəs jaːɐ]
Natal (m)	**Weihnachten** (n)	[ˈvaɪnaχtən]
Feliz Natal!	**Frohe Weihnachten!**	[ˌfʀoːə ˈvaɪnaχtən]
árvore (f) de Natal	**Tannenbaum** (m)	[ˈtanənˌbaʊm]
fogos (m pl) de artifício	**Feuerwerk** (n)	[ˈfɔɪɐˌvɛʀk]
casamento (m)	**Hochzeit** (f)	[ˈhɔχˌtsaɪt]
noivo (m)	**Bräutigam** (m)	[ˈbʀɔɪtɪgam]
noiva (f)	**Braut** (f)	[bʀaʊt]
convidar (vt)	**einladen** (vt)	[ˈaɪnˌlaːdən]
convite (m)	**Einladung** (f)	[ˈaɪnˌlaːdʊŋ]
convidado (m)	**Gast** (m)	[gast]
visitar (vt)	**besuchen** (vt)	[bəˈzuːχən]
receber os convidados	**Gäste empfangen**	[ˈgɛstə ɛmˈpfaŋən]
presente (m)	**Geschenk** (n)	[gəˈʃɛŋk]
oferecer, dar (vt)	**schenken** (vt)	[ˈʃɛŋkən]
receber presentes	**Geschenke bekommen**	[gəˈʃɛŋkə bəˈkɔmən]
buquê (m) de flores	**Blumenstrauß** (m)	[ˈbluːmənʃtʀaʊs]
felicitações (f pl)	**Glückwunsch** (m)	[ˈglʏkˌvʊnʃ]
felicitar (vt)	**gratulieren** (vi)	[gʀatuˈliːʀən]
cartão (m) de parabéns	**Glückwunschkarte** (f)	[ˈglʏkvʊnʃˌkaʀtə]
enviar um cartão postal	**eine Karte abschicken**	[ˈaɪnə ˈkaʀtə ˈapʃɪkən]
receber um cartão postal	**eine Karte erhalten**	[ˈaɪnə ˈkaʀtə ɛɐˈhaltən]
brinde (m)	**Trinkspruch** (m)	[ˈtʀɪŋkʃpʀʊχ]

| oferecer (vt) | anbieten (vt) | ['anbi:tən] |
| champanhe (m) | Champagner (m) | [ʃam'panjɐ] |

divertir-se (vr)	sich amüsieren	[zɪç amy'zi:ʀən]
diversão (f)	Fröhlichkeit (f)	['fʀøːlɪçˌkaɪt]
alegria (f)	Freude (f)	['fʀɔɪdə]

| dança (f) | Tanz (m) | [tants] |
| dançar (vi) | tanzen (vi, vt) | ['tantsən] |

| valsa (f) | Walzer (m) | ['valtsɐ] |
| tango (m) | Tango (m) | ['taŋgo] |

110. Funerais. Enterro

cemitério (m)	Friedhof (m)	['fʀi:tˌho:f]
sepultura (f), túmulo (m)	Grab (n)	[gʀa:p]
cruz (f)	Kreuz (n)	[kʀɔɪts]
lápide (f)	Grabstein (m)	['gʀa:pˌʃtaɪn]
cerca (f)	Zaun (m)	[tsaʊn]
capela (f)	Kapelle (f)	[ka'pɛlə]

morte (f)	Tod (m)	[to:t]
morrer (vi)	sterben (vi)	['ʃtɛʀbən]
defunto (m)	Verstorbene (m)	[fɛɐ'ʃtoʀbənɐ]
luto (m)	Trauer (f)	['tʀaʊɐ]

enterrar, sepultar (vt)	begraben (vt)	[bə'gʀa:bən]
funerária (f)	Bestattungsinstitut (n)	[bə'ʃtatʊŋsʔɪnstiˌtu:t]
funeral (m)	Begräbnis (n)	[bə'gʀɛ:pnɪs]

coroa (f) de flores	Kranz (m)	[kʀants]
caixão (m)	Sarg (m)	[zaʀk]
carro (m) funerário	Katafalk (m)	[kata'falk]
mortalha (f)	Totenhemd (n)	['to:tənˌhɛmt]

procissão (f) funerária	Trauerzug (m)	['tʀaʊɐˌtsu:k]
urna (f) funerária	Urne (f)	['ʊʀnə]
crematório (m)	Krematorium (n)	[kʀema'to:ʀiʊm]

obituário (m), necrologia (f)	Nachruf (m)	['na:χʀu:f]
chorar (vi)	weinen (vi)	['vaɪnən]
soluçar (vi)	schluchzen (vi)	['ʃlʊχtsən]

111. Guerra. Soldados

pelotão (m)	Zug (m)	[tsu:k]
companhia (f)	Kompanie (f)	[kɔmpa'ni:]
regimento (m)	Regiment (n)	[ʀegi'mɛnt]
exército (m)	Armee (f)	[aʀ'me:]
divisão (f)	Division (f)	[divi'zjo:n]
esquadrão (m)	Abteilung (f)	[ap'taɪlʊŋ]

hoste (f)	Heer (n)	[he:ɐ]
soldado (m)	Soldat (m)	[zɔl'da:t]
oficial (m)	Offizier (m)	[ɔfi'tsi:ɐ]

soldado (m) raso	Soldat (m)	[zɔl'da:t]
sargento (m)	Feldwebel (m)	['fɛlt͜ve:bəl]
tenente (m)	Leutnant (m)	['lɔɪtnant]
capitão (m)	Hauptmann (m)	['haʊptman]
major (m)	Major (m)	[ma'jo:ɐ]
coronel (m)	Oberst (m)	['o:bɐst]
general (m)	General (m)	[genə'ʀa:l]

marujo (m)	Matrose (m)	[ma'tʀo:zə]
capitão (m)	Kapitän (m)	[kapi'tɛn]
contramestre (m)	Bootsmann (m)	['bo:tsman]

artilheiro (m)	Artillerist (m)	['aʁtɪləʀɪst]
soldado (m) paraquedista	Fallschirmjäger (m)	['falʃɪʁm͜jɛ:gɐ]
piloto (m)	Pilot (m)	[pi'lo:t]
navegador (m)	Steuermann (m)	['ʃtɔɪɐ͜man]
mecânico (m)	Mechaniker (m)	[me'ça:nikɐ]

sapador-mineiro (m)	Pionier (m)	[pɪo'ni:ɐ]
paraquedista (m)	Fallschirmspringer (m)	['falʃɪʁmʃpʀɪŋɐ]
explorador (m)	Aufklärer (m)	['aʊf͜klɛ:ʀɐ]
atirador (m) de tocaia	Scharfschütze (m)	['ʃaʁfʃʏtsə]

patrulha (f)	Patrouille (f)	[pa'tʀʊljə]
patrulhar (vt)	patrouillieren (vi)	[patʀʊl'ji:ʀən]
sentinela (f)	Wache (f)	['vaχə]

guerreiro (m)	Krieger (m)	['kʀi:gɐ]
patriota (m)	Patriot (m)	[patʀi'o:t]
herói (m)	Held (m)	[hɛlt]
heroína (f)	Heldin (f)	['hɛldɪn]

traidor (m)	Verräter (m)	[fɛɐ'ʀɛ:tɐ]
trair (vt)	verraten (vt)	[fɛɐ'ʀa:tən]

desertor (m)	Deserteur (m)	[dezɛʁ'tø:ɐ]
desertar (vt)	desertieren (vi)	[dezɛʁ'ti:ʀən]

mercenário (m)	Söldner (m)	['zœldnɐ]
recruta (m)	Rekrut (m)	[ʀe'kʀu:t]
voluntário (m)	Freiwillige (m)	[͵fʀaɪvɪlɪgə]

morto (m)	Getoetete (m)	[gə'tø:tətə]
ferido (m)	Verwundete (m)	[fɛɐ'vʊndətə]
prisioneiro (m) de guerra	Kriegsgefangene (m)	['kʀi:ks͜gə͵faŋənə]

112. Guerra. Ações militares. Parte 1

guerra (f)	Krieg (m)	[kʀi:k]
guerrear (vt)	Krieg führen	[kʀi:k 'fy:ʀən]

guerra (f) civil	Bürgerkrieg (m)	['bʏʁgɐˌkʀiːk]
perfidamente	heimtückisch	['haɪmˌtʏkɪʃ]
declaração (f) de guerra	Kriegserklärung (f)	['kʀiːksʔɛɐˌklɛːʀʊŋ]
declarar guerra	erklären (vt)	[ɛɐ'klɛːʀən]
agressão (f)	Aggression (f)	[agʀɛ'sjoːn]
atacar (vt)	einfallen (vt)	['aɪnˌfalən]

invadir (vt)	einfallen (vi)	['aɪnˌfalən]
invasor (m)	Invasoren (pl)	[ɪnva'zoːʀən]
conquistador (m)	Eroberer (m)	[ɛɐ'ʔoːbəʀɐ]

defesa (f)	Verteidigung (f)	[fɛɐ'taɪdɪgʊŋ]
defender (vt)	verteidigen (vt)	[fɛɐ'taɪdɪgən]
defender-se (vr)	sich verteidigen	[zɪç fɛɐ'taɪdɪgən]

inimigo (m)	Feind (m)	[faɪnt]
adversário (m)	Gegner (m)	['geːgnɐ]
inimigo (adj)	Feind-	[faɪnt]

| estratégia (f) | Strategie (f) | [ʃtʀate'giː] |
| tática (f) | Taktik (f) | ['taktɪk] |

ordem (f)	Befehl (m)	[bə'feːl]
comando (m)	Anordnung (f)	['anˌʔɔʁdnʊŋ]
ordenar (vt)	befehlen (vt)	[ˌbə'feːlən]
missão (f)	Auftrag (m)	['aʊfˌtʀaːk]
secreto (adj)	geheim	[gə'haɪm]

| batalha (f) | Gefecht (n) | [gə'fɛçt] |
| combate (m) | Kampf (m) | [kampf] |

ataque (m)	Angriff (m)	['anˌgʀɪf]
assalto (m)	Sturm (m)	[ʃtʊʁm]
assaltar (vt)	stürmen (vt)	['ʃtʏʁmən]
assédio, sítio (m)	Belagerung (f)	[bə'laːgəʀʊŋ]

| ofensiva (f) | Angriff (m) | ['anˌgʀɪf] |
| tomar à ofensiva | angreifen (vt) | ['anˌgʀaɪfən] |

| retirada (f) | Rückzug (m) | ['ʀʏkˌtsuːk] |
| retirar-se (vr) | sich zurückziehen | [zɪç tsu'ʀʏkˌtsiːən] |

| cerco (m) | Einkesselung (f) | ['aɪnˌkɛsəlʊŋ] |
| cercar (vt) | einkesseln (vt) | ['aɪnˌkɛsəln] |

bombardeio (m)	Bombenangriff (m)	['bɔmbənˌʔangʀɪf]
lançar uma bomba	eine Bombe abwerfen	['aɪnə 'bɔmbə 'apˌvɛʁfən]
bombardear (vt)	bombardieren (vt)	[bɔmbaʁ'diːʀən]
explosão (f)	Explosion (f)	[ɛksplo'zjoːn]

tiro (m)	Schuss (m)	[ʃʊs]
dar um tiro	schießen (vt)	['ʃiːsən]
tiroteio (m)	Schießerei (f)	[ʃiːsə'ʀaɪ]

| apontar para ... | zielen auf ... | ['tsiːlən aʊf] |
| apontar (vt) | richten (vt) | ['ʀɪçtən] |

acertar (vt)	treffen (vt)	['tʀɛfən]
afundar (~ um navio, etc.)	versenken (vt)	[fɛɛ'zɛŋkən]
brecha (f)	Loch (n)	[lɔχ]
afundar-se (vr)	versinken (vi)	[fɛɛ'zɪŋkən]

frente (m)	Front (f)	[fʀɔnt]
evacuação (f)	Evakuierung (f)	[evaku'iːʀʊŋ]
evacuar (vt)	evakuieren (vt)	[evaku'iːʀən]

trincheira (f)	Schützengraben (m)	['ʃʏtsən͵gʀaːbən]
arame (m) enfarpado	Stacheldraht (m)	['ʃtaχəl͵dʀaːt]
barreira (f) anti-tanque	Sperre (f)	['ʃpɛʀə]
torre (f) de vigia	Wachtturm (m)	['vaχt͵tʊʁm]

hospital (m) militar	Lazarett (n)	[latsa'ʀɛt]
ferir (vt)	verwunden (vt)	[fɛɛ'vʊndən]
ferida (f)	Wunde (f)	['vʊndə]
ferido (m)	Verwundete (m)	[fɛɛ'vʊndətə]
ficar ferido	verletzt sein	[fɛɛ'lɛtst zaɪn]
grave (ferida ~)	schwer	[ʃveːɐ]

113. Guerra. Ações militares. Parte 2

cativeiro (m)	Gefangenschaft (f)	[gə'faŋənʃaft]
capturar (vt)	gefangen nehmen (vt)	[gə'faŋən 'neːmən]
estar em cativeiro	in Gefangenschaft sein	[ɪn gə'faŋənʃaft zaɪn]
ser aprisionado	in Gefangenschaft geraten	[ɪn gə'faŋənʃaft gə'ʀaːtən]

campo (m) de concentração	Konzentrationslager (n)	[kɔntsɛntʀa'tsjoːns͵laːgɐ]
prisioneiro (m) de guerra	Kriegsgefangene (m)	['kʀiːks·gə͵faŋənə]
escapar (vi)	fliehen (vi)	['fliːən]

trair (vt)	verraten (vt)	[fɛɛ'ʀaːtən]
traidor (m)	Verräter (m)	[fɛɛ'ʀɛːtɐ]
traição (f)	Verrat (m)	[fɛɛ'ʀaːt]

| fuzilar, executar (vt) | erschießen (vt) | [ɛɐ'ʃiːsən] |
| fuzilamento (m) | Erschießung (f) | [ɛɐ'ʃiːsʊŋ] |

equipamento (m)	Ausrüstung (f)	['aʊs͵ʀʏstʊŋ]
insígnia (f) de ombro	Schulterstück (n)	['ʃʊltə͵ʃtʏk]
máscara (f) de gás	Gasmaske (f)	['gaːs͵maskə]

rádio (m)	Funkgerät (n)	['fʊŋk·gə͵ʀɛːt]
cifra (f), código (m)	Chiffre (f)	['ʃɪfʀə]
conspiração (f)	Geheimhaltung (f)	[gə'haɪm͵haltʊŋ]
senha (f)	Kennwort (n)	['kɛn͵vɔʁt]

mina (f)	Mine (f)	['miːnə]
minar (vt)	Minen legen	['miːnən 'leːgən]
campo (m) minado	Minenfeld (n)	['miːnən͵fɛlt]

| alarme (m) aéreo | Luftalarm (m) | ['lʊftʔa͵laʁm] |
| alarme (m) | Alarm (m) | [a'laʁm] |

| sinal (m) | Signal (n) | [zɪˈɡnaːl] |
| sinalizador (m) | Signalrakete (f) | [zɪˈɡnaːlˌʁaˌkeːtə] |

quartel-general (m)	Hauptquartier (n)	[ˈhaʊptˌkvaʁˌtiːɐ]
reconhecimento (m)	Aufklärung (f)	[ˈaʊfˌklɛːʁʊŋ]
situação (f)	Lage (f)	[ˈlaːɡə]
relatório (m)	Bericht (m)	[bəˈʁɪçt]
emboscada (f)	Hinterhalt (m)	[ˈhɪntəˌhalt]
reforço (m)	Verstärkung (f)	[fɛɐˈʃtɛʁkʊŋ]

alvo (m)	Zielscheibe (f)	[ˈtsiːlˌʃaɪbə]
campo (m) de tiro	Schießplatz (m)	[ˈʃiːsˌplats]
manobras (f pl)	Manöver (n)	[maˈnøːvɐ]

pânico (m)	Panik (f)	[ˈpaːnɪk]
devastação (f)	Verwüstung (f)	[fɛɐˈvyːstʊŋ]
ruínas (f pl)	Trümmer (pl)	[ˈtʁʏmɐ]
destruir (vt)	zerstören (vt)	[tsɛɐˈʃtøːʁən]

sobreviver (vi)	überleben (vi)	[ˌyːbɐˈleːbən]
desarmar (vt)	entwaffnen (vt)	[ɛntˈvafnən]
manusear (vt)	handhaben (vt)	[ˈhantˌhaːbən]

| Sentido! | Stillgestanden! | [ˈʃtɪlɡəˌʃtandən] |
| Descansar! | Rühren! | [ˈʁyːʁən] |

façanha (f)	Heldentat (f)	[ˈhɛldənˌtaːt]
juramento (m)	Eid (m), Schwur (m)	[aɪt], [ʃvuːɐ]
jurar (vi)	schwören (vi, vt)	[ˈʃvøːʁən]

condecoração (f)	Lohn (m)	[loːn]
condecorar (vt)	auszeichnen (vt)	[ˈaʊsˌtsaɪçnən]
medalha (f)	Medaille (f)	[meˈdaljə]
ordem (f)	Orden (m)	[ˈɔʁdən]

vitória (f)	Sieg (m)	[ziːk]
derrota (f)	Niederlage (f)	[ˈniːdɐˌlaːɡə]
armistício (m)	Waffenstillstand (m)	[ˈvafənˌʃtɪlʃtant]

bandeira (f)	Fahne (f)	[ˈfaːnə]
glória (f)	Ruhm (m)	[ʁuːm]
parada (f)	Parade (f)	[paˈʁaːdə]
marchar (vi)	marschieren (vi)	[maʁˈʃiːʁən]

114. Armas

arma (f)	Waffe (f)	[ˈvafə]
arma (f) de fogo	Schusswaffe (f)	[ˈʃʊsˌvafə]
arma (f) branca	blanke Waffe (f)	[ˈblaŋkə ˈvafə]

arma (f) química	chemischen Waffen (pl)	[çeːmiʃən ˈvafən]
nuclear (adj)	Kern-, Atom-	[kɛʁn], [aˈtoːm]
arma (f) nuclear	Kernwaffe (f)	[ˈkɛʁnˌvafə]
bomba (f)	Bombe (f)	[ˈbɔmbə]

bomba (f) atômica	Atombombe (f)	[a'to:m̩bɔmbə]
pistola (f)	Pistole (f)	[pɪs'to:lə]
rifle (m)	Gewehr (n)	[gə've:ɐ]
semi-automática (f)	Maschinenpistole (f)	[ma'ʃi:nən·pɪs̩to:lə]
metralhadora (f)	Maschinengewehr (n)	[ma'ʃi:nən·gə̩ve:ɐ]

boca (f)	Mündung (f)	['mʏndʊŋ]
cano (m)	Lauf (m)	[laʊf]
calibre (m)	Kaliber (n)	[̩ka'li:bɐ]

gatilho (m)	Abzug (m)	['ap̩tsu:k]
mira (f)	Visier (n)	[vi'zi:ɐ]
carregador (m)	Magazin (n)	[maga'tsi:n]
coronha (f)	Kolben (m)	[kɔlbən]

| granada (f) de mão | Handgranate (f) | ['hant·gʀa̩na:tə] |
| explosivo (m) | Sprengstoff (m) | ['ʃpʀɛŋʃtɔf] |

bala (f)	Kugel (f)	['ku:gəl]
cartucho (m)	Patrone (f)	[pa'tʀo:nə]
carga (f)	Ladung (f)	['la:dʊŋ]
munições (f pl)	Munition (f)	[muni'tsjo:n]

bombardeiro (m)	Bomber (m)	['bɔmbɐ]
avião (m) de caça	Kampfflugzeug (n)	['kampfflu:k̩tsɔɪk]
helicóptero (m)	Hubschrauber (m)	['hu:pʃʀaʊbɐ]

canhão (m) antiaéreo	Flugabwehrkanone (f)	[flu:k'ʔapve:ɐka̩no:nə]
tanque (m)	Panzer (m)	['pantsɐ]
canhão (de um tanque)	Panzerkanone (f)	['pantsɐ̩ka'no:nə]

artilharia (f)	Artillerie (f)	['aʁtɪləʀi:]
canhão (m)	Haubitze (f), Kanone (f)	[haʊ'bɪtsə], [ka'no:nə]
fazer a pontaria	richten (vt)	['ʀɪçtən]

projétil (m)	Geschoß (n)	[gə'ʃo:s]
granada (f) de morteiro	Wurfgranate (f)	['vʊʁf·gʀa'na:tə]
morteiro (m)	Granatwerfer (m)	[gʀa'na:t̩vɛʁfɐ]
estilhaço (m)	Splitter (m)	['ʃplɪtɐ]

submarino (m)	U-Boot (n)	['u:bo:t]
torpedo (m)	Torpedo (m)	[tɔʁ'pe:do]
míssil (m)	Rakete (f)	[ʀa'ke:tə]

carregar (uma arma)	laden (vt)	['la:dən]
disparar, atirar (vi)	schießen (vi)	['ʃi:sən]
apontar para ...	zielen auf ...	['tsi:lən aʊf]
baioneta (f)	Bajonett (n)	[̩bajo'nɛt]

espada (f)	Degen (m)	['de:gən]
sabre (m)	Säbel (m)	['zɛ:bəl]
lança (f)	Speer (m)	[ʃpe:ɐ]
arco (m)	Bogen (m)	['bo:gən]
flecha (f)	Pfeil (m)	[pfaɪl]
mosquete (m)	Muskete (f)	[mʊs'ke:tə]
besta (f)	Armbrust (f)	['aʁm̩bʀʊst]

115. Povos da antiguidade

primitivo (adj)	vorzeitlich	['fo:ɐˌtsaɪtlɪç]
pré-histórico (adj)	prähistorisch	[ˌprɛhɪs'to:rɪʃ]
antigo (adj)	alt	[alt]

Idade (f) da Pedra	Steinzeit (f)	['ʃtaɪnˌtsaɪt]
Idade (f) do Bronze	Bronzezeit (f)	['brɔŋsəˌtsaɪt]
Era (f) do Gelo	Eiszeit (f)	['aɪsˌtsaɪt]

tribo (f)	Stamm (m)	[ʃtam]
canibal (m)	Kannibale (m)	[kani'ba:lə]
caçador (m)	Jäger (m)	['jɛ:gɐ]
caçar (vi)	jagen (vi)	['jagən]
mamute (m)	Mammut (n)	['mamʊt]

caverna (f)	Höhle (f)	['hø:lə]
fogo (m)	Feuer (n)	['fɔɪɐ]
fogueira (f)	Lagerfeuer (n)	['la:gɐˌfɔɪɐ]
pintura (f) rupestre	Höhlenmalerei (f)	['hø:lən·ma:ləˌraɪ]

ferramenta (f)	Werkzeug (n)	['vɛrkˌtsɔɪk]
lança (f)	Speer (m)	[ʃpe:ɐ]
machado (m) de pedra	Steinbeil (n), Steinaxt (f)	['ʃtaɪnˌbaɪl], ['ʃtaɪnˌakst]
guerrear (vt)	Krieg führen	[kri:k 'fy:rən]
domesticar (vt)	domestizieren (vt)	[domɛsti'tsi:rən]

ídolo (m)	Idol (n)	[i'do:l]
adorar, venerar (vt)	anbeten (vt)	['anˌbe:tən]
superstição (f)	Aberglaube (m)	['a:bɐˌglaubə]
ritual (m)	Ritus (m), Ritual (n)	['ri:tʊs], [ri'tua:l]

evolução (f)	Evolution (f)	[evolu'tsjo:n]
desenvolvimento (m)	Entwicklung (f)	[ɛnt'vɪklʊŋ]
extinção (f)	Verschwinden (n)	[fɛɐ'ʃvɪndən]
adaptar-se (vr)	sich anpassen	[zɪç 'anˌpasən]

arqueologia (f)	Archäologie (f)	[arçeolo'gi:]
arqueólogo (m)	Archäologe (m)	[arçeo'lo:gə]
arqueológico (adj)	archäologisch	[arçeo'lo:gɪʃ]

escavação (sítio)	Ausgrabungsstätte (f)	['ausgra:bʊŋsˌʃtɛtə]
escavações (f pl)	Ausgrabungen (pl)	['ausgra:bʊŋən]
achado (m)	Fund (m)	[fʊnt]
fragmento (m)	Fragment (n)	[fra'gmɛnt]

116. Idade média

povo (m)	Volk (n)	[fɔlk]
povos (m pl)	Völker (pl)	['fœlkɐ]
tribo (f)	Stamm (m)	[ʃtam]
tribos (f pl)	Stämme (pl)	['ʃtɛmə]
bárbaros (pl)	Barbaren (pl)	[bar'ba:rən]

galeses (pl)	Gallier (pl)	['galɪɐ]
godos (pl)	Goten (pl)	['go:tən]
eslavos (pl)	Slawen (pl)	['sla:vən]
viquingues (pl)	Wikinger (pl)	['vi:kɪŋɐ]

romanos (pl)	Römer (pl)	['ʀø:mɐ]
romano (adj)	römisch	['ʀø:mɪʃ]

bizantinos (pl)	Byzantiner (pl)	[bytsan'ti:nɐ]
Bizâncio	Byzanz (n)	[by'tsants]
bizantino (adj)	byzantinisch	[bytsan'ti:nɪʃ]

imperador (m)	Kaiser (m)	['kaɪzɐ]
líder (m)	Häuptling (m)	['hɔɪptlɪŋ]
poderoso (adj)	mächtig	['mɛçtɪç]
rei (m)	König (m)	['kø:nɪç]
governante (m)	Herrscher (m)	['hɛʁʃɐ]

cavaleiro (m)	Ritter (m)	['ʀɪtɐ]
senhor feudal (m)	Feudalherr (m)	[fɔɪ'da:lˌhɛʁ]
feudal (adj)	feudal, Feudal-	[fɔɪ'da:l]
vassalo (m)	Vasall (m)	[va'zal]

duque (m)	Herzog (m)	['hɛʁtso:k]
conde (m)	Graf (m)	[gʀa:f]
barão (m)	Baron (m)	[ba'ʀo:n]
bispo (m)	Bischof (m)	['bɪʃɔf]

armadura (f)	Rüstung (f)	['ʀystʊŋ]
escudo (m)	Schild (m)	[ʃɪlt]
espada (f)	Schwert (n)	[ʃveːɐt]
viseira (f)	Visier (n)	[vi'zi:ɐ]
cota (f) de malha	Panzerhemd (n)	['pantsɐˌhɛmt]

cruzada (f)	Kreuzzug (m)	['kʀɔɪtsˌtsu:k]
cruzado (m)	Kreuzritter (m)	['kʀɔɪtsˌʀɪtɐ]

território (m)	Territorium (n)	[tɛʀi'to:ʀiʊm]
atacar (vt)	einfallen (vt)	['aɪnˌfalən]
conquistar (vt)	erobern (vt)	[ɛɐ'ʔo:bɐn]
ocupar, invadir (vt)	besetzen (vt)	[bə'zɛtsən]

assédio, sítio (m)	Belagerung (f)	[bə'la:gəʀʊŋ]
sitiado (adj)	belagert	[bə'la:gɐt]
assediar, sitiar (vt)	belagern (vt)	[bə'la:gɐn]

inquisição (f)	Inquisition (f)	[ɪnkvizi'tsjo:n]
inquisidor (m)	Inquisitor (m)	[ɪnkvi'zi:to:ɐ]
tortura (f)	Folter (f)	['fɔltɐ]
cruel (adj)	grausam	['gʀaʊˌza:m]
herege (m)	Häretiker (m)	[hɛ'ʀetikɐ]
heresia (f)	Häresie (f)	[hɛʀe'zi:]

navegação (f) marítima	Seefahrt (f)	['ze:ˌfa:ɐt]
pirata (m)	Seeräuber (m)	['ze:ˌʀɔɪbɐ]
pirataria (f)	Seeräuberei (f)	['ze:ˌʀɔɪbəʀaɪ]

abordagem (f)	Enterung (f)	['ɛnteʁʊŋ]
presa (f), butim (m)	Beute (f)	['bɔɪtə]
tesouros (m pl)	Schätze (pl)	['ʃɛtsə]

descobrimento (m)	Entdeckung (f)	[ɛnt'dɛkʊŋ]
descobrir (novas terras)	entdecken (vt)	[ɛnt'dɛkən]
expedição (f)	Expedition (f)	[ɛkspedi'tsjoːn]

mosqueteiro (m)	Musketier (m)	[mʊske'tiːɐ]
cardeal (m)	Kardinal (m)	[ˌkaʁdi'naːl]
heráldica (f)	Heraldik (f)	[he'ʁaldɪk]
heráldico (adj)	heraldisch	[he'ʁaldɪʃ]

117. Líder. Chefe. Autoridades

rei (m)	König (m)	['køːnɪç]
rainha (f)	Königin (f)	['køːnɪgɪn]
real (adj)	königlich	['køːnɪklɪç]
reino (m)	Königreich (n)	['køːnɪkˌʁaɪç]

príncipe (m)	Prinz (m)	[pʁɪnts]
princesa (f)	Prinzessin (f)	[pʁɪn'tsɛsɪn]

presidente (m)	Präsident (m)	[pʁɛzi'dɛnt]
vice-presidente (m)	Vizepräsident (m)	['fiːtsə·pʁɛziˌdɛnt]
senador (m)	Senator (m)	[ze'naːtoːɐ]

monarca (m)	Monarch (m)	[mo'naʁç]
governante (m)	Herrscher (m)	['hɛʁʃɐ]
ditador (m)	Diktator (m)	[dɪk'taːtoːɐ]
tirano (m)	Tyrann (m)	[ty'ʁan]
magnata (m)	Magnat (m)	[ma'gnaːt]

diretor (m)	Direktor (m)	[di'ʁɛktoːɐ]
chefe (m)	Chef (m)	[ʃɛf]
gerente (m)	Leiter (m)	['laɪtɐ]
patrão (m)	Boss (m)	[bɔs]
dono (m)	Eigentümer (m)	['aɪgəntyːmɐ]

chefe (m)	Leiter (m)	['laɪtɐ]
autoridades (f pl)	Behörden (pl)	[bə'høːɐdən]
superiores (m pl)	Vorgesetzten (pl)	['foːɐgəˌzɛtstən]

governador (m)	Gouverneur (m)	[guvɛʁ'nøːɐ]
cônsul (m)	Konsul (m)	['kɔnzʊl]
diplomata (m)	Diplomat (m)	[ˌdiplo'maːt]

Presidente (m) da Câmara	Bürgermeister (m)	['byʁgeˌmaɪstɐ]
xerife (m)	Sheriff (m)	['ʃɛʁɪf]

imperador (m)	Kaiser (m)	['kaɪzɐ]
czar (m)	Zar (m)	[tsaːɐ]
faraó (m)	Pharao (m)	['faːʁao]
cã, khan (m)	Khan (m)	[kaːn]

118. Violação da lei. Criminosos. Parte 1

bandido (m)	Bandit (m)	[ban'di:t]
crime (m)	Verbrechen (n)	[fɛɛ'bʀɛçən]
criminoso (m)	Verbrecher (m)	[fɛɛ'bʀɛçɐ]
ladrão (m)	Dieb (m)	[di:p]
roubar (vt)	stehlen (vt)	['ʃte:lən]
roubo (atividade)	Diebstahl (m)	['di:pˌʃta:l]
furto (m)	Stehlen (n)	['ʃte:lən]
raptar, sequestrar (vt)	kidnappen (vt)	['kɪtˌnɛpən]
sequestro (m)	Kidnapping (n)	['kɪtˌnɛpɪŋ]
sequestrador (m)	Kidnapper (m)	['kɪtˌnɛpɐ]
resgate (m)	Lösegeld (n)	['lø:zəˌgɛlt]
pedir resgate	Lösegeld verlangen	['lø:zəˌgɛlt fɛɛ'laŋən]
roubar (vt)	rauben (vt)	['ʀaʊbən]
assalto, roubo (m)	Raub (m)	['ʀaʊp]
assaltante (m)	Räuber (m)	['ʀɔɪbɐ]
extorquir (vt)	erpressen (vt)	[ɛɛ'pʀɛsən]
extorsionário (m)	Erpresser (m)	[ɛɛ'pʀɛsɐ]
extorsão (f)	Erpressung (f)	[ɛɛ'pʀɛsʊŋ]
matar, assassinar (vt)	morden (vt)	['mɔʁdən]
homicídio (m)	Mord (m)	[mɔʁt]
homicida, assassino (m)	Mörder (m)	['mœʁdɐ]
tiro (m)	Schuss (m)	[ʃʊs]
dar um tiro	schießen (vt)	['ʃi:sən]
matar a tiro	erschießen (vt)	[ɛɛ'ʃi:sən]
disparar, atirar (vi)	feuern (vi)	['fɔɪɐn]
tiroteio (m)	Schießerei (f)	[ʃi:sə'ʀaɪ]
incidente (m)	Vorfall (m)	['fo:ɐfal]
briga (~ de rua)	Schlägerei (f)	[ʃlɛ:gə'ʀaɪ]
Socorro!	Hilfe!	['hɪlfə]
vítima (f)	Opfer (n)	['ɔpfɐ]
danificar (vt)	beschädigen (vt)	[bə'ʃɛ:dɪgən]
dano (m)	Schaden (m)	['ʃa:dən]
cadáver (m)	Leiche (f)	['laɪçə]
grave (adj)	schwer	[ʃve:ɐ]
atacar (vt)	angreifen (vt)	['anˌgʀaɪfən]
bater (espancar)	schlagen (vt)	['ʃla:gən]
espancar (vt)	verprügeln (vt)	[fɛɛ'pʀy:gəln]
tirar, roubar (dinheiro)	wegnehmen (vt)	['vɛkˌne:mən]
esfaquear (vt)	erstechen (vt)	[ɛɛ'ʃtɛçən]
mutilar (vt)	verstümmeln (vt)	[fɛɛ'ʃtʏməln]
ferir (vt)	verwunden (vt)	[fɛɛ'vʊndən]
chantagem (f)	Erpressung (f)	[ɛɛ'pʀɛsʊŋ]
chantagear (vt)	erpressen (vt)	[ɛɛ'pʀɛsən]

chantagista (m)	Erpresser (m)	[ɛɐ'pʀɛsɐ]
extorsão (f)	Schutzgelderpressung (f)	['ʃutsgɛlt?ɛʀ,pʀɛsʊŋ]
extorsionário (m)	Erpresser (m)	[ɛɐ'pʀɛsɐ]
gângster (m)	Gangster (m)	['gɛŋstɐ]
máfia (f)	Mafia (f)	['mafɪa]

punguista (m)	Taschendieb (m)	['taʃən,diːp]
assaltante, ladrão (m)	Einbrecher (m)	['aɪn,bʀɛçɐ]
contrabando (m)	Schmuggel (m)	['ʃmʊgəl]
contrabandista (m)	Schmuggler (m)	['ʃmʊglɐ]

falsificação (f)	Fälschung (f)	['fɛlʃʊŋ]
falsificar (vt)	fälschen (vt)	['fɛlʃən]
falsificado (adj)	gefälscht	[gə'fɛlʃt]

119. Violação da lei. Criminosos. Parte 2

estupro (m)	Vergewaltigung (f)	[fɛɐgə'valtɪgʊŋ]
estuprar (vt)	vergewaltigen (vt)	[fɛɐgə'valtɪgən]
estuprador (m)	Gewalttäter (m)	[gə'valt,tɛːtɐ]
maníaco (m)	Besessene (m)	[bə'zɛsənə]

prostituta (f)	Prostituierte (f)	[,pʀostitu'iːɐtə]
prostituição (f)	Prostitution (f)	[pʀostitu'tsjoːn]
cafetão (m)	Zuhälter (m)	['tsuː,hɛltɐ]

drogado (m)	Drogenabhängiger (m)	['dʀoːgən,ʔaphɛŋɪgɐ]
traficante (m)	Drogenhändler (m)	['dʀoːgən,hɛndlɐ]

explodir (vt)	sprengen (vt)	['ʃpʀɛŋən]
explosão (f)	Explosion (f)	[ɛksplo'zjoːn]
incendiar (vt)	in Brand stecken	[ɪn bʀant 'ʃtɛkən]
incendiário (m)	Brandstifter (m)	['bʀant,ʃtɪftɐ]

terrorismo (m)	Terrorismus (m)	[tɛʀo'ʀɪsmʊs]
terrorista (m)	Terrorist (m)	[tɛʀo'ʀɪst]
refém (m)	Geisel (m, f)	['gaɪzəl]

enganar (vt)	betrügen (vt)	[bə'tʀyːgən]
engano (m)	Betrug (m)	[bə'tʀuːk]
vigarista (m)	Betrüger (m)	[bə'tʀyːgɐ]

subornar (vt)	bestechen (vt)	[bə'ʃtɛçən]
suborno (atividade)	Bestechlichkeit (f)	[bə'ʃtɛçlɪçkaɪt]
suborno (dinheiro)	Bestechungsgeld (n)	[bə'ʃtɛçʊŋs,gɛlt]

veneno (m)	Gift (n)	[gɪft]
envenenar (vt)	vergiften (vt)	[fɛɐ'gɪftən]
envenenar-se (vr)	sich vergiften	[zɪç fɛɐ'gɪftən]

suicídio (m)	Selbstmord (m)	['zɛlpst,moʀt]
suicida (m)	Selbstmörder (m)	['zɛlpst,mœʀdɐ]
ameaçar (vt)	drohen (vi)	['dʀoːən]
ameaça (f)	Drohung (f)	['dʀoːʊŋ]

atentar contra a vida de ...	versuchen (vt)	[fɛɐ'zu:xən]
atentado (m)	Attentat (n)	['atənta:t]
roubar (um carro)	stehlen (vt)	['ʃte:lən]
sequestrar (um avião)	entführen (vt)	[ɛnt'fy:ʀən]
vingança (f)	Rache (f)	['ʀaxə]
vingar (vt)	sich rächen	[zɪç 'ʀɛçən]
torturar (vt)	foltern (vt)	['fɔltən]
tortura (f)	Folter (f)	['fɔltɐ]
atormentar (vt)	quälen (vt)	['kvɛ:lən]
pirata (m)	Seeräuber (m)	['ze:ˌʀɔɪbɐ]
desordeiro (m)	Rowdy (m)	['ʀaʊdi]
armado (adj)	bewaffnet	[bə'vafnət]
violência (f)	Gewalt (f)	[gə'valt]
ilegal (adj)	ungesetzlich	['ʊngəˌzɛtslɪç]
espionagem (f)	Spionage (f)	[ʃpio'na:ʒə]
espionar (vi)	spionieren (vi)	[ʃpɪo'ni:ʀən]

120. Polícia. Lei. Parte 1

justiça (sistema de ~)	Justiz (f)	[jʊs'ti:ts]
tribunal (m)	Gericht (n)	[gə'ʀɪçt]
juiz (m)	Richter (m)	['ʀɪçtɐ]
jurados (m pl)	Geschworenen (pl)	[gə'ʃvo:ʀənən]
tribunal (m) do júri	Geschworenengericht (n)	[gə'ʃvo:ʀənən·gəˌʀɪçt]
julgar (vt)	richten (vt)	['ʀɪçtən]
advogado (m)	Rechtsanwalt (m)	['ʀɛçtsʔanˌvalt]
réu (m)	Angeklagte (m)	['angəˌkla:ktə]
banco (m) dos réus	Anklagebank (f)	['ankla:gə·baŋk]
acusação (f)	Anklage (f)	['ankla:gə]
acusado (m)	Beschuldigte (m)	[bə'ʃʊldɪçtə]
sentença (f)	Urteil (n)	['ʊɐˌtaɪl]
sentenciar (vt)	verurteilen (vt)	[fɛɐ'ʔʊɐtaɪlən]
culpado (m)	Schuldige (m)	['ʃʊldɪgə]
punir (vt)	bestrafen (vt)	[bə'ʃtʀa:fən]
punição (f)	Strafe (f)	['ʃtʀa:fə]
multa (f)	Geldstrafe (f)	['gɛltˌʃtʀa:fə]
prisão (f) perpétua	lebenslange Haft (f)	['le:bənsˌlaŋə haft]
pena (f) de morte	Todesstrafe (f)	['to:dəsˌʃtʀa:fə]
cadeira (f) elétrica	elektrischer Stuhl (m)	[e'lɛktʀɪʃɐ ʃtu:l]
forca (f)	Galgen (m)	[galgən]
executar (vt)	hinrichten (vt)	['hɪnˌʀɪçtən]
execução (f)	Hinrichtung (f)	['hɪnˌʀɪçtʊŋ]

| prisão (f) | Gefängnis (n) | [gə'fɛŋnɪs] |
| cela (f) de prisão | Zelle (f) | ['tsɛlə] |

escolta (f)	Eskorte (f)	[ɛs'kɔʁtə]
guarda (m) prisional	Gefängniswärter (m)	[gə'fɛŋnɪs·vɛʁtɐ]
preso, prisioneiro (m)	Gefangene (m)	[gə'faŋənə]

| algemas (f pl) | Handschellen (pl) | ['hantʃɛlən] |
| algemar (vt) | Handschellen anlegen | ['hantʃɛlən 'anˌle:gən] |

fuga, evasão (f)	Ausbruch (m)	['ausˌbʀʊχ]
fugir (vi)	ausbrechen (vi)	['ausˌbʀɛçən]
desaparecer (vi)	verschwinden (vi)	[fɛɐ'ʃvɪndən]
soltar, libertar (vt)	aus ... entlassen	['aus ... ɛnt'lasn]
anistia (f)	Amnestie (f)	[amnɛs'ti:]

polícia (instituição)	Polizei (f)	[ˌpoli'tsaɪ]
polícia (m)	Polizist (m)	[poli'tsɪst]
delegacia (f) de polícia	Polizeiwache (f)	[poli'tsaɪˌvaxə]
cassetete (m)	Gummiknüppel (m)	['gʊmiˌknʏpəl]
megafone (m)	Sprachrohr (n)	['ʃpʀa:χˌʀo:ɐ]

carro (m) de patrulha	Streifenwagen (m)	['ʃtʀaɪfənˌva:gən]
sirene (f)	Sirene (f)	[ˌzi'ʀe:nə]
ligar a sirene	die Sirene einschalten	[di ˌzi'ʀe:nə 'aɪnʃaltən]
toque (m) da sirene	Sirenengeheul (n)	[zi'ʀe:nən·gə'hɔɪl]

cena (f) do crime	Tatort (m)	['ta:tˌʔɔʁt]
testemunha (f)	Zeuge (m)	['tsɔɪgə]
liberdade (f)	Freiheit (f)	['fʀaɪhaɪt]
cúmplice (m)	Komplize (m)	[kɔm'pli:tsə]
escapar (vi)	verschwinden (vi)	[fɛɐ'ʃvɪndən]
traço (não deixar ~s)	Spur (f)	[ʃpu:ɐ]

121. Polícia. Lei. Parte 2

procura (f)	Fahndung (f)	['fa:ndʊŋ]
procurar (vt)	suchen (vt)	['zu:χən]
suspeita (f)	Verdacht (m)	[fɛɐ'daχt]
suspeito (adj)	verdächtig	[fɛɐ'dɛçtɪç]
parar (veículo, etc.)	anhalten (vt)	['anˌhaltən]
deter (fazer parar)	verhaften (vt)	[fɛɐ'haftən]

caso (~ criminal)	Fall (m), Klage (f)	[fa:l], ['kla:gə]
investigação (f)	Untersuchung (f)	[ʊntɐ'zu:χʊŋ]
detetive (m)	Detektiv (m)	[detɛk'ti:f]
investigador (m)	Ermittlungsrichter (m)	[ɛɐ'mɪtlʊŋsˌʀɪçtɐ]
versão (f)	Version (f)	[vɛʁ'zjo:n]

motivo (m)	Motiv (n)	[mo'ti:f]
interrogatório (m)	Verhör (n)	[fɛɐ'hø:ɐ]
interrogar (vt)	verhören (vt)	[fɛɐ'hø:ʀən]
questionar (vt)	vernehmen (vt)	[fɛɐ'ne:mən]
verificação (f)	Kontrolle, Prüfung (f)	[kɔn'tʀɔlə], ['pʀy:fʊŋ]

batida (f) policial	Razzia (f)	['ʀatsɪa]
busca (f)	Durchsuchung (f)	[dʊʀç'zu:χʊŋ]
perseguição (f)	Verfolgung (f)	[fɛɐ'fɔlgʊŋ]
perseguir (vt)	nachjagen (vi)	['na:χˌja:gən]
seguir, rastrear (vt)	verfolgen (vt)	[fɛɐ'fɔlgən]

prisão (f)	Verhaftung (f)	[fɛɐ'haftʊŋ]
prender (vt)	verhaften (vt)	[fɛɐ'haftən]
pegar, capturar (vt)	fangen (vt)	['faŋən]
captura (f)	Festnahme (f)	['fɛstˌna:mə]

documento (m)	Dokument (n)	[ˌdoku'mɛnt]
prova (f)	Beweis (m)	[bə'vaɪs]
provar (vt)	beweisen (vt)	[bə'vaɪzən]
pegada (f)	Fußspur (f)	['fu:sˌʃpu:ɐ]
impressões (f pl) digitais	Fingerabdrücke (pl)	['fɪŋəˌʔapdʀʏkə]
prova (f)	Beweisstück (n)	[bə'vaɪsʃtʏk]

álibi (m)	Alibi (n)	['a:libi]
inocente (adj)	unschuldig	['ʊnʃʊldɪç]
injustiça (f)	Ungerechtigkeit (f)	['ʊngəˌʀɛçtɪçkaɪt]
injusto (adj)	ungerecht	['ʊngəˌʀɛçt]

criminal (adj)	Kriminal-	[kʀimi'na:l]
confiscar (vt)	beschlagnahmen (vt)	[bə'ʃla:kˌna:mən]
droga (f)	Droge (f)	['dʀo:gə]
arma (f)	Waffe (f)	['vafə]
desarmar (vt)	entwaffnen (vt)	[ɛnt'vafnən]
ordenar (vt)	befehlen (vt)	[ˌbə'fe:lən]
desaparecer (vi)	verschwinden (vi)	[fɛɐ'ʃvɪndən]

lei (f)	Gesetz (n)	[gə'zɛts]
legal (adj)	gesetzlich	[gə'zɛtslɪç]
ilegal (adj)	ungesetzlich	['ʊngəˌzɛtslɪç]

| responsabilidade (f) | Verantwortlichkeit (f) | [fɛɐ'ʔantvɔʀtlɪçkaɪt] |
| responsável (adj) | verantwortlich | [fɛɐ'ʔantvɔʀtlɪç] |

NATUREZA

A Terra. Parte 1

122. Espaço sideral

espaço, cosmo (m)	Kosmos (m)	['kɔsmɔs]
espacial, cósmico (adj)	kosmisch, Raum-	['kɔsmɪʃ], ['ʀaʊm]
espaço (m) cósmico	Weltraum (m)	['vɛltʀaʊm]
mundo (m)	All (n)	[al]
universo (m)	Universum (n)	[uni'vɛʀzʊm]
galáxia (f)	Galaxie (f)	[gala'ksi:]
estrela (f)	Stern (m)	[ʃtɛʁn]
constelação (f)	Gestirn (n)	[gə'ʃtɪʁn]
planeta (m)	Planet (m)	[pla'ne:t]
satélite (m)	Satellit (m)	[zatɛ'li:t]
meteorito (m)	Meteorit (m)	[meteo'ʀi:t]
cometa (m)	Komet (m)	[ko'me:t]
asteroide (m)	Asteroid (m)	[asteʀo'i:t]
órbita (f)	Umlaufbahn (f)	['ʊmlaʊf,ba:n]
girar (vi)	sich drehen	[zɪç 'dʀe:ən]
atmosfera (f)	Atmosphäre (f)	[ʔatmo'sfɛ:ʀə]
Sol (m)	Sonne (f)	['zɔnə]
Sistema (m) Solar	Sonnensystem (n)	['zɔnən·zʏs,te:m]
eclipse (m) solar	Sonnenfinsternis (f)	['zɔnən,fɪnstenɪs]
Terra (f)	Erde (f)	['e:ɐdə]
Lua (f)	Mond (m)	[mo:nt]
Marte (m)	Mars (m)	[maʁs]
Vênus (f)	Venus (f)	['ve:nʊs]
Júpiter (m)	Jupiter (m)	['ju:pitɐ]
Saturno (m)	Saturn (m)	[za'tʊʁn]
Mercúrio (m)	Merkur (m)	[mɛʁ'ku:ɐ]
Urano (m)	Uran (m)	[u'ʀa:n]
Netuno (m)	Neptun (m)	[nɛp'tu:n]
Plutão (m)	Pluto (m)	['plu:to]
Via Láctea (f)	Milchstraße (f)	['mɪlçʃtʀa:sə]
Ursa Maior (f)	Der Große Bär	[de:ɐ 'gʀo:sə bɛ:ɐ]
Estrela Polar (f)	Polarstern (m)	[po'la:ɐʃtɛʁn]
marciano (m)	Marsbewohner (m)	['maʁs·bə,vo:nɐ]
extraterrestre (m)	Außerirdischer (m)	['aʊsɐ,ʔɪʁdɪʃɐ]

| alienígena (m) | außerirdisches Wesen (n) | ['aʊsɐˌʔɪʁdɪʃəs 've:zən] |
| disco (m) voador | fliegende Untertasse (f) | ['fli:gəndə 'ʊntɐˌtasə] |

espaçonave (f)	Raumschiff (n)	['ʁaʊmˌʃɪf]
estação (f) orbital	Raumstation (f)	['ʁaʊm·ʃtatsjo:n]
lançamento (m)	Raketenstart (m)	[ʁa'ke:tənˌʃtaʁt]

motor (m)	Triebwerk (n)	['tʁi:pˌvɛʁk]
bocal (m)	Düse (f)	['dy:zə]
combustível (m)	Treibstoff (m)	['tʁaɪpˌʃtɔf]

cabine (f)	Kabine (f)	[ka'bi:nə]
antena (f)	Antenne (f)	[an'tɛnə]
vigia (f)	Bullauge (n)	['bʊlˌʔaʊgə]
bateria (f) solar	Sonnenbatterie (f)	['zɔnənˌbatə'ʁi:]
traje (m) espacial	Raumanzug (m)	['ʁaʊmˌʔantsu:k]

| imponderabilidade (f) | Schwerelosigkeit (f) | ['ʃve:ʁəˌlo:zɪçkaɪt] |
| oxigênio (m) | Sauerstoff (m) | ['zaʊɐˌʃtɔf] |

| acoplagem (f) | Ankopplung (f) | ['aŋkɔplʊŋ] |
| fazer uma acoplagem | koppeln (vi) | ['kɔpəln] |

observatório (m)	Observatorium (n)	[ɔpzɛʁva'to:ʁiʊm]
telescópio (m)	Teleskop (n)	[tele'sko:p]
observar (vt)	beobachten (vt)	[bə'ʔo:baχtən]
explorar (vt)	erforschen (vt)	[ɛɐ'fɔʁʃən]

123. A Terra

Terra (f)	Erde (f)	['e:ɐdə]
globo terrestre (Terra)	Erdkugel (f)	['e:ɐt·ku:gəl]
planeta (m)	Planet (m)	[pla'ne:t]

atmosfera (f)	Atmosphäre (f)	[ʔatmo'sfɛ:ʁə]
geografia (f)	Geographie (f)	[ˌgeogʁa'fi:]
natureza (f)	Natur (f)	[na'tu:ɐ]

globo (mapa esférico)	Globus (m)	['glo:bʊs]
mapa (m)	Landkarte (f)	['lantˌkaʁtə]
atlas (m)	Atlas (m)	['atlas]

| Europa (f) | Europa (n) | [ɔɪ'ʁo:pa] |
| Ásia (f) | Asien (n) | ['a:ziən] |

| África (f) | Afrika (n) | ['a:fʁika] |
| Austrália (f) | Australien (n) | [aʊs'tʁa:lɪən] |

América (f)	Amerika (n)	[a'me:ʁika]
América (f) do Norte	Nordamerika (n)	['nɔʁtʔaˌme:ʁika]
América (f) do Sul	Südamerika (n)	['zy:tʔa'me:ʁika]

| Antártida (f) | Antarktis (f) | [ant'ʔaʁktɪs] |
| Ártico (m) | Arktis (f) | ['aʁktɪs] |

124. Pontos cardeais

norte (m)	Norden (m)	['nɔʁdən]
para norte	nach Norden	[na:χ 'nɔʁdən]
no norte	im Norden	[ɪm 'nɔʁdən]
do norte (adj)	nördlich	['nœʁtlɪç]
sul (m)	Süden (m)	['zy:dən]
para sul	nach Süden	[na:χ 'zy:dən]
no sul	im Süden	[ɪm 'zy:dən]
do sul (adj)	südlich	['zy:tlɪç]
oeste, ocidente (m)	Westen (m)	['vɛstən]
para oeste	nach Westen	[na:χ 'vɛstən]
no oeste	im Westen	[ɪm 'vɛstən]
ocidental (adj)	westlich, West-	['vɛstlɪç], [vɛst]
leste, oriente (m)	Osten (m)	['ɔstən]
para leste	nach Osten	[na:χ 'ɔstən]
no leste	im Osten	[ɪm 'ɔstən]
oriental (adj)	östlich	['œstlɪç]

125. Mar. Oceano

mar (m)	Meer (n), See (f)	[me:ɐ], [ze:]
oceano (m)	Ozean (m)	['o:tsea:n]
golfo (m)	Golf (m)	[gɔlf]
estreito (m)	Meerenge (f)	['me:ɐˌʔɛŋə]
terra (f) firme	Festland (n)	['fɛstˌlant]
continente (m)	Kontinent (m)	['kɔntinɛnt]
ilha (f)	Insel (f)	['ɪnzəl]
península (f)	Halbinsel (f)	['halpˌʔɪnzəl]
arquipélago (m)	Archipel (m)	[ˌaʁçi'pe:l]
baía (f)	Bucht (f)	[buχt]
porto (m)	Hafen (m)	['ha:fən]
lagoa (f)	Lagune (f)	[la'gu:nə]
cabo (m)	Kap (n)	[kap]
atol (m)	Atoll (n)	[a'tɔl]
recife (m)	Riff (n)	[ʁɪf]
coral (m)	Koralle (f)	[ko'ʁalə]
recife (m) de coral	Korallenriff (n)	[ko'ʁalənˌʁɪf]
profundo (adj)	tief	[ti:f]
profundidade (f)	Tiefe (f)	['ti:fə]
abismo (m)	Abgrund (m)	['apˌgʁʊnt]
fossa (f) oceânica	Graben (m)	['gʁa:bən]
corrente (f)	Strom (m)	[ʃtʁo:m]
banhar (vt)	umspülen (vt)	['ʊmʃpy:lən]
litoral (m)	Ufer (n)	['u:fɐ]

costa (f)	Küste (f)	['kʏstə]
maré (f) alta	Flut (f)	[flu:t]
refluxo (m)	Ebbe (f)	['ɛbə]
restinga (f)	Sandbank (f)	['zantˌbaŋk]
fundo (m)	Boden (m)	['bo:dən]

onda (f)	Welle (f)	['vɛlə]
crista (f) da onda	Wellenkamm (m)	['vɛlənˌkam]
espuma (f)	Schaum (m)	[ʃaʊm]

tempestade (f)	Sturm (m)	[ʃtʊʁm]
furacão (m)	Orkan (m)	[ɔʁ'ka:n]
tsunami (m)	Tsunami (m)	[tsu'na:mi]
calmaria (f)	Windstille (f)	['vɪntʃtɪlə]
calmo (adj)	ruhig	['ʁu:ɪç]

polo (m)	Pol (m)	[po:l]
polar (adj)	Polar-	[po'la:ɐ]

latitude (f)	Breite (f)	['bʁaɪtə]
longitude (f)	Länge (f)	['lɛŋə]
paralela (f)	Breitenkreis (m)	['bʁaɪtəən·kʁaɪs]
equador (m)	Äquator (m)	[ɛ'kva:to:ɐ]

céu (m)	Himmel (m)	['hɪməl]
horizonte (m)	Horizont (m)	[hoʁi'tsɔnt]
ar (m)	Luft (f)	[lʊft]

farol (m)	Leuchtturm (m)	['lɔɪçtˌtʊʁm]
mergulhar (vi)	tauchen (vi)	['taʊxən]
afundar-se (vr)	versinken (vi)	[fɛɐ'zɪŋkən]
tesouros (m pl)	Schätze (pl)	['ʃɛtsə]

126. Nomes de Mares e Oceanos

Oceano (m) Atlântico	Atlantischer Ozean (m)	[atˌlantɪʃɐ 'o:tsea:n]
Oceano (m) Índico	Indischer Ozean (m)	['ɪndɪʃɐ 'o:tsea:n]
Oceano (m) Pacífico	Pazifischer Ozean (m)	[pa'tsi:fɪʃɐ 'o:tsea:n]
Oceano (m) Ártico	Arktischer Ozean (m)	['aʁktɪʃɐ 'o:tsea:n]

Mar (m) Negro	Schwarzes Meer (n)	['ʃvaʁtsəs 'me:ɐ]
Mar (m) Vermelho	Rotes Meer (n)	['ʁo:təs 'me:ɐ]
Mar (m) Amarelo	Gelbes Meer (n)	['gɛlbəs 'me:ɐ]
Mar (m) Branco	Weißes Meer (n)	[vaɪsəs 'me:ɐ]

Mar (m) Cáspio	Kaspisches Meer (n)	['kaspɪʃəs me:ɐ]
Mar (m) Morto	Totes Meer (n)	['to:təs me:ɐ]
Mar (m) Mediterrâneo	Mittelmeer (n)	['mɪtəlˌme:ɐ]

Mar (m) Egeu	Ägäisches Meer (n)	[ɛ'gɛ:ɪʃəs 'me:ɐ]
Mar (m) Adriático	Adriatisches Meer (n)	[adʁi'a:tɪʃəs 'me:ɐ]

Mar (m) Arábico	Arabisches Meer (n)	[a'ʁa:bɪʃəs 'me:ɐ]
Mar (m) do Japão	Japanisches Meer (n)	[ja'pa:nɪʃəs me:ɐ]

| Mar (m) de Bering | Beringmeer (n) | ['beːʀɪŋ‚meːɐ] |
| Mar (m) da China Meridional | Südchinesisches Meer (n) | ['zyːt‚çi'neːzɪʃəs meːɐ] |

Mar (m) de Coral	Korallenmeer (n)	[ko'ʀalən‚meːɐ]
Mar (m) de Tasman	Tasmansee (f)	[tas'maːn‚zeː]
Mar (m) do Caribe	Karibisches Meer (n)	[ka'ʀiːbɪʃəs 'meːɐ]

| Mar (m) de Barents | Barentssee (f) | ['baːʀɛnts‚zeː] |
| Mar (m) de Kara | Karasee (f) | ['kaʀa‚zeː] |

Mar (m) do Norte	Nordsee (f)	['nɔʀt‚zeː]
Mar (m) Báltico	Ostsee (f)	['ɔstzeː]
Mar (m) da Noruega	Nordmeer (n)	['nɔʀt‚meːɐ]

127. Montanhas

montanha (f)	Berg (m)	[bɛʀk]
cordilheira (f)	Gebirgskette (f)	[gə'bɪʀks‚kɛtə]
serra (f)	Bergrücken (m)	['bɛʀk‚ʀʏkən]

cume (m)	Gipfel (m)	['gɪpfəl]
pico (m)	Spitze (f)	['ʃpɪtsə]
pé (m)	Bergfuß (m)	['bɛʀk‚fuːs]
declive (m)	Abhang (m)	['ap‚haŋ]

vulcão (m)	Vulkan (m)	[vʊl'kaːn]
vulcão (m) ativo	tätiger Vulkan (m)	['tɛːtɪgɐ vʊl'kaːn]
vulcão (m) extinto	schlafender Vulkan (m)	['ʃlaːfəndɐ vʊl'kaːn]

erupção (f)	Ausbruch (m)	['aʊs‚bʀuχ]
cratera (f)	Krater (m)	['kʀaːtɐ]
magma (m)	Magma (n)	['magma]
lava (f)	Lava (f)	['laːva]
fundido (lava ~a)	glühend heiß	['glyːənt 'haɪs]

cânion, desfiladeiro (m)	Cañon (m)	[ka'njɔn]
garganta (f)	Schlucht (f)	[ʃlʊχt]
fenda (f)	Spalte (f)	['ʃpaltə]
precipício (m)	Abgrund (m)	['ap‚gʀʊnt]

passo, colo (m)	Gebirgspass (m)	[gə'bɪʀks‚pas]
planalto (m)	Plateau (n)	[pla'toː]
falésia (f)	Fels (m)	[fɛls]
colina (f)	Hügel (m)	['hyːgəl]

geleira (f)	Gletscher (m)	['glɛtʃɐ]
cachoeira (f)	Wasserfall (m)	['vasɐ‚fal]
gêiser (m)	Geiser (m)	['gaɪzɐ]
lago (m)	See (m)	[zeː]

planície (f)	Ebene (f)	['eːbənə]
paisagem (f)	Landschaft (f)	['lantʃaft]
eco (m)	Echo (n)	['ɛço]
alpinista (m)	Bergsteiger (m)	['bɛʀk‚ʃtaɪgɐ]

escalador (m)	**Kletterer** (m)	['klɛtəʀɐ]
conquistar (vt)	**bezwingen** (vt)	[bə'tsvɪŋən]
subida, escalada (f)	**Aufstieg** (m)	['aʊfʃtiːk]

128. Nomes de montanhas

Alpes (m pl)	**Alpen** (pl)	['alpən]
Monte Branco (m)	**Montblanc** (m)	[moŋ'blaŋ]
Pirineus (m pl)	**Pyrenäen** (pl)	[pyʀe'nɛːən]
Cárpatos (m pl)	**Karpaten** (pl)	[kaʁ'paːtən]
Urais (m pl)	**Ural** (m), **Uralgebirge** (n)	[u'ʀaːl], [u'ʀaːl·gə'bɪʁgə]
Cáucaso (m)	**Kaukasus** (m)	['kaʊkazʊs]
Elbrus (m)	**Elbrus** (m)	[ɛl'bʀʊs]
Altai (m)	**Altai** (m)	[al'taɪ]
Tian Shan (m)	**Tian Shan** (m)	['tjaːn 'ʃaːn]
Pamir (m)	**Pamir** (m)	[pa'miːɐ]
Himalaia (m)	**Himalaja** (m)	[hima'laːja]
monte Everest (m)	**Everest** (m)	['ɛvəʀɛst]
Cordilheira (f) dos Andes	**Anden** (pl)	['andən]
Kilimanjaro (m)	**Kilimandscharo** (m)	[kiliman'dʒaːʀo]

129. Rios

rio (m)	**Fluss** (m)	[flʊs]
fonte, nascente (f)	**Quelle** (f)	['kvɛlə]
leito (m) de rio	**Flussbett** (n)	['flʊsˌbɛt]
bacia (f)	**Stromgebiet** (n)	['ʃtʀoːm·gə'biːt]
desaguar no …	**einmünden in …**	['aɪnˌmʏndən ɪn]
afluente (m)	**Nebenfluss** (m)	['neːbənˌflʊs]
margem (do rio)	**Ufer** (n)	['uːfɐ]
corrente (f)	**Strom** (m)	[ʃtʀoːm]
rio abaixo	**stromabwärts**	['ʃtʀoːmˌapvɛʁts]
rio acima	**stromaufwärts**	['ʃtʀoːmˌaʊfvɛʁts]
inundação (f)	**Überschwemmung** (f)	[y:bɐ'ʃvɛmʊŋ]
cheia (f)	**Hochwasser** (n)	['hoːχˌvasɐ]
transbordar (vi)	**aus den Ufern treten**	['aʊs den 'uːfɐn 'tʀeːtən]
inundar (vt)	**überfluten** (vt)	[ˌyːbɐ'fluːtən]
banco (m) de areia	**Sandbank** (f)	['zantˌbaŋk]
corredeira (f)	**Stromschnelle** (f)	['ʃtʀoːmʃnɛlə]
barragem (f)	**Damm** (m)	[dam]
canal (m)	**Kanal** (m)	[ka'naːl]
reservatório (m) de água	**Stausee** (m)	['ʃtaʊzeː]
eclusa (f)	**Schleuse** (f)	['ʃlɔɪzə]
corpo (m) de água	**Gewässer** (n)	[gə'vɛsɐ]

pântano (m)	Sumpf (m), Moor (n)	[zʊmpf], [moːɐ]
lamaçal (m)	Marsch (f)	[maʁʃ]
redemoinho (m)	Strudel (m)	[ˈʃtʁuːdəl]

riacho (m)	Bach (m)	[baχ]
potável (adj)	Trink-	[ˈtʁɪŋk]
doce (água)	Süß-	[zyːs]

| gelo (m) | Eis (n) | [aɪs] |
| congelar-se (vr) | zufrieren (vi) | [ˈtsuːˌfʀiːʀən] |

130. Nomes de rios

| rio Sena (m) | Seine (f) | [ˈzɛːnə] |
| rio Loire (m) | Loire (f) | [luˈaːʀ] |

rio Tâmisa (m)	Themse (f)	[ˈtɛmzə]
rio Reno (m)	Rhein (m)	[ʀaɪn]
rio Danúbio (m)	Donau (f)	[ˈdoːnaʊ]

rio Volga (m)	Wolga (f)	[ˈvoːlga]
rio Don (m)	Don (m)	[dɔn]
rio Lena (m)	Lena (f)	[ˈleːna]

rio Amarelo (m)	Gelber Fluss (m)	[ˈgɛlbɐ ˈflʊs]
rio Yangtzé (m)	Jangtse (f)	[ˈjangtsɛ]
rio Mekong (m)	Mekong (m)	[ˈmeːkɔŋ]
rio Ganges (m)	Ganges (m)	[ˈgaŋgɛs], [ˈgaŋəs]

rio Nilo (m)	Nil (m)	[niːl]
rio Congo (m)	Kongo (m)	[ˈkɔŋgo]
rio Cubango (m)	Okavango (m)	[ɔkaˈvaŋgo]
rio Zambeze (m)	Sambesi (m)	[zamˈbeːzi]
rio Limpopo (m)	Limpopo (m)	[limpɔˈpo]
rio Mississippi (m)	Mississippi (m)	[mɪsɪˈsɪpi]

131. Floresta

| floresta (f), bosque (m) | Wald (m) | [valt] |
| florestal (adj) | Wald- | [ˈvalt] |

mata (f) fechada	Dickicht (n)	[ˈdɪkɪçt]
arvoredo (m)	Gehölz (n)	[gəˈhœlts]
clareira (f)	Lichtung (f)	[ˈlɪçtʊŋ]

| matagal (m) | Dickicht (n) | [ˈdɪkɪçt] |
| mato (m), caatinga (f) | Gebüsch (n) | [gəˈbyʃ] |

pequena trilha (f)	Fußweg (m)	[ˈfuːsˌveːk]
ravina (f)	Erosionsrinne (f)	[eʀoˈzɪoːnsˈʀɪnə]
árvore (f)	Baum (m)	[baʊm]
folha (f)	Blatt (n)	[blat]

folhagem (f)	Laub (n)	[laʊp]
queda (f) das folhas	Laubfall (m)	['laʊp̩fal]
cair (vi)	fallen (vi)	['falən]
topo (m)	Wipfel (m)	['vɪpfəl]

ramo (m)	Zweig (m)	[tsvaɪk]
galho (m)	Ast (m)	[ast]
botão (m)	Knospe (f)	['knɔspə]
agulha (f)	Nadel (f)	['na:dəl]
pinha (f)	Zapfen (m)	['tsapfən]

buraco (m) de árvore	Höhlung (f)	['hø:ˌlʊŋ]
ninho (m)	Nest (n)	[nɛst]
toca (f)	Höhle (f)	['hø:lə]

tronco (m)	Stamm (m)	[ʃtam]
raiz (f)	Wurzel (f)	['vʊʁtsəl]
casca (f) de árvore	Rinde (f)	['ʁɪndə]
musgo (m)	Moos (n)	['mo:s]

arrancar pela raiz	entwurzeln (vt)	[ɛnt'vʊʁtsəln]
cortar (vt)	fällen (vt)	['fɛlən]
desflorestar (vt)	abholzen (vt)	['apˌhɔltsən]
toco, cepo (m)	Baumstumpf (m)	['baʊmˌʃtʊmpf]

fogueira (f)	Lagerfeuer (n)	['la:gɐˌfɔɪɐ]
incêndio (m) florestal	Waldbrand (m)	['valtˌbʁant]
apagar (vt)	löschen (vt)	['lœʃən]

guarda-parque (m)	Förster (m)	['fœʁstɐ]
proteção (f)	Schutz (m)	[ʃʊts]
proteger (a natureza)	beschützen (vt)	[bə'ʃytsən]
caçador (m) furtivo	Wilddieb (m)	['vɪltˌdi:p]
armadilha (f)	Falle (f)	['falə]

colher (cogumelos)	sammeln (vt)	['zaməln]
colher (bagas)	pflücken (vt)	['pflʏkən]
perder-se (vr)	sich verirren	[zɪç fɛɐ'ʔɪʁən]

132. Recursos naturais

recursos (m pl) naturais	Naturressourcen (pl)	[na'tu:ɐ·ʁɛ'sʊʁsən]
minerais (m pl)	Bodenschätze (pl)	['bo:dənˌʃɛtsə]
depósitos (m pl)	Vorkommen (n)	['fo:ɐˌkɔmən]
jazida (f)	Feld (n)	[fɛlt]

extrair (vt)	gewinnen (vt)	[gə'vɪnən]
extração (f)	Gewinnung (f)	[gə'vɪnʊŋ]
minério (m)	Erz (n)	[e:ɐts]
mina (f)	Bergwerk (n)	['bɛʁkˌvɛʁk]
poço (m) de mina	Schacht (m)	[ʃaxt]
mineiro (m)	Bergarbeiter (m)	['bɛʁkʔaʁˌbaɪtɐ]
gás (m)	Erdgas (n)	['e:ɐtˌga:s]
gasoduto (m)	Gasleitung (f)	['ga:sˌlaɪtʊŋ]

petróleo (m)	Erdöl (n)	['eːɐt ʔøːl]
oleoduto (m)	Erdölleitung (f)	['eːɐtʔøːl laɪtʊŋ]
poço (m) de petróleo	Ölquelle (f)	['øːl kvɛlə]
torre (f) petrolífera	Bohrturm (m)	['boːɐ tʊʁm]
petroleiro (m)	Tanker (m)	['taŋkɐ]

areia (f)	Sand (m)	[zant]
calcário (m)	Kalkstein (m)	['kalkʃtaɪn]
cascalho (m)	Kies (m)	[kiːs]
turfa (f)	Torf (m)	[tɔʁf]
argila (f)	Ton (m)	[toːn]
carvão (m)	Kohle (f)	['koːlə]

ferro (m)	Eisen (n)	['aɪzən]
ouro (m)	Gold (n)	[ɡɔlt]
prata (f)	Silber (n)	['zɪlbə]
níquel (m)	Nickel (n)	['nɪkəl]
cobre (m)	Kupfer (n)	['kʊpfɐ]

zinco (m)	Zink (n)	[tsɪŋk]
manganês (m)	Mangan (n)	[maŋ'ɡaːn]
mercúrio (m)	Quecksilber (n)	['kvɛk zɪlbɐ]
chumbo (m)	Blei (n)	[blaɪ]

mineral (m)	Mineral (n)	[mɪne'ʁaːl]
cristal (m)	Kristall (m)	[kʁɪs'tal]
mármore (m)	Marmor (m)	['maʁmoːɐ]
urânio (m)	Uran (n)	[u'ʁaːn]

A Terra. Parte 2

133. Tempo

tempo (m)	Wetter (n)	['vɛtɐ]
previsão (f) do tempo	Wetterbericht (m)	['vɛtɐbə‚ʀɪçt]
temperatura (f)	Temperatur (f)	[tɛmpəʀa'tu:ɐ]
termômetro (m)	Thermometer (n)	[tɛʁmo'me:tɐ]
barômetro (m)	Barometer (n)	[baʀo'me:tɐ]

úmido (adj)	feucht	[fɔɪçt]
umidade (f)	Feuchtigkeit (f)	['fɔɪçtɪçkaɪt]
calor (m)	Hitze (f)	['hɪtsə]
tórrido (adj)	glutheiß	['glu:t‚haɪs]
está muito calor	ist heiß	[ist haɪs]

está calor	ist warm	[ist vaʁm]
quente (morno)	warm	[vaʁm]

está frio	ist kalt	[ist kalt]
frio (adj)	kalt	[kalt]

sol (m)	Sonne (f)	['zɔnə]
brilhar (vi)	scheinen (vi)	['ʃaɪnən]
de sol, ensolarado	sonnig	['zɔnɪç]
nascer (vi)	aufgehen (vi)	['aʊf‚ge:ən]
pôr-se (vr)	untergehen (vi)	['ʊntɐ‚ge:ən]

nuvem (f)	Wolke (f)	['vɔlkə]
nublado (adj)	bewölkt	[bə'vœlkt]
nuvem (f) preta	Regenwolke (f)	['ʀe:gən‚vɔlkə]
escuro, cinzento (adj)	trüb	[tʀy:p]

chuva (f)	Regen (m)	['ʀe:gən]
está a chover	Es regnet	[ɛs 'ʀe:gnət]

chuvoso (adj)	regnerisch	['ʀe:gnəʀɪʃ]
chuviscar (vi)	nieseln (vi)	['ni:zəln]

chuva (f) torrencial	strömender Regen (m)	['ʃtʀø:məntdə 'ʀe:gən]
aguaceiro (m)	Regenschauer (m)	['ʀe:gən‚ʃaʊɐ]
forte (chuva, etc.)	stark	[ʃtaʁk]

poça (f)	Pfütze (f)	['pfʏtsə]
molhar-se (vr)	nass werden (vi)	[nas 've:ɐdən]

nevoeiro (m)	Nebel (m)	['ne:bəl]
de nevoeiro	neblig	['ne:blɪç]
neve (f)	Schnee (m)	[ʃne:]
está nevando	Es schneit	[ɛs 'ʃnaɪt]

134. Tempo extremo. Catástrofes naturais

trovoada (f)	Gewitter (n)	[gə'vɪtɐ]
relâmpago (m)	Blitz (m)	[blɪts]
relampejar (vi)	blitzen (vi)	['blɪtsən]

trovão (m)	Donner (m)	['dɔnɐ]
trovejar (vi)	donnern (vi)	['dɔnɐn]
está trovejando	Es donnert	[ɛs 'dɔnɐt]

| granizo (m) | Hagel (m) | ['ha:gəl] |
| está caindo granizo | Es hagelt | [ɛs 'ha:gəlt] |

| inundar (vt) | überfluten (vt) | [ˌy:bɐ'flu:tən] |
| inundação (f) | Überschwemmung (f) | [y:bɐ'ʃvɛmʊŋ] |

terremoto (m)	Erdbeben (n)	['e:ɐtˌbe:bən]
abalo, tremor (m)	Erschütterung (f)	[ɛɐ'ʃʏtəʀʊŋ]
epicentro (m)	Epizentrum (n)	[ˌepi'tsɛntʀʊm]

| erupção (f) | Ausbruch (m) | ['aʊsˌbʀʊχ] |
| lava (f) | Lava (f) | ['la:va] |

tornado (m)	Wirbelsturm (m)	['vɪʀbəlˌʃtʊʀm]
tornado (m)	Tornado (m)	[tɔʀ'na:do]
tufão (m)	Taifun (m)	[taɪ'fu:n]

furacão (m)	Orkan (m)	[ɔʀ'ka:n]
tempestade (f)	Sturm (m)	[ʃtʊʀm]
tsunami (m)	Tsunami (m)	[tsu'na:mi]

ciclone (m)	Zyklon (m)	[tsy'klo:n]
mau tempo (m)	Unwetter (n)	['ʊnˌvɛtɐ]
incêndio (m)	Brand (m)	[bʀant]
catástrofe (f)	Katastrophe (f)	[ˌkatas'tʀo:fə]
meteorito (m)	Meteorit (m)	[meteo'ʀi:t]

avalanche (f)	Lawine (f)	[la'vi:nə]
deslizamento (m) de neve	Schneelawine (f)	['ʃne:laˌvi:nə]
nevasca (f)	Schneegestöber (n)	['ʃne:gəˌʃtø:bɐ]
tempestade (f) de neve	Schneesturm (m)	['ʃne:ˌʃtʊʀm]

Fauna

135. Mamíferos. Predadores

predador (m)	Raubtier (n)	['ʀaʊptiːɐ]
tigre (m)	Tiger (m)	['tiːgɐ]
leão (m)	Löwe (m)	['løːvə]
lobo (m)	Wolf (m)	[vɔlf]
raposa (f)	Fuchs (m)	[fʊks]
jaguar (m)	Jaguar (m)	['jaːguaːɐ]
leopardo (m)	Leopard (m)	[leo'paʁt]
chita (f)	Gepard (m)	[ge'paʁt]
pantera (f)	Panther (m)	['pantɐ]
puma (m)	Puma (m)	['puːma]
leopardo-das-neves (m)	Schneeleopard (m)	['ʃneːleoˌpaʁt]
lince (m)	Luchs (m)	[lʊks]
coiote (m)	Kojote (m)	[ko'joːtə]
chacal (m)	Schakal (m)	[ʃa'kaːl]
hiena (f)	Hyäne (f)	['hyɛːnə]

136. Animais selvagens

animal (m)	Tier (n)	[tiːɐ]
besta (f)	Bestie (f)	['bɛstɪə]
esquilo (m)	Eichhörnchen (n)	['aɪçˌhœʁnçən]
ouriço (m)	Igel (m)	['iːgəl]
lebre (f)	Hase (m)	['haːzə]
coelho (m)	Kaninchen (n)	[ka'niːnçən]
texugo (m)	Dachs (m)	[daks]
guaxinim (m)	Waschbär (m)	['vaʃˌbɛːɐ]
hamster (m)	Hamster (m)	['hamstɐ]
marmota (f)	Murmeltier (n)	['mʊʁməlˌtiːɐ]
toupeira (f)	Maulwurf (m)	['maʊlˌvʊʁf]
rato (m)	Maus (f)	[maʊs]
ratazana (f)	Ratte (f)	['ʀatə]
morcego (m)	Fledermaus (f)	['fleːdɐˌmaʊs]
arminho (m)	Hermelin (n)	[hɛʁmə'liːn]
zibelina (f)	Zobel (m)	['tsoːbəl]
marta (f)	Marder (m)	['maʁdɐ]
doninha (f)	Wiesel (n)	['viːzəl]
visom (m)	Nerz (m)	[nɛʁts]

castor (m)	Biber (m)	['biːbɐ]
lontra (f)	Fischotter (m)	['fɪʃˌʔɔtɐ]
cavalo (m)	Pferd (n)	[pfeːɐt]
alce (m)	Elch (m)	[ɛlç]
veado (m)	Hirsch (m)	[hɪʁʃ]
camelo (m)	Kamel (n)	[ka'meːl]
bisão (m)	Bison (m)	['biːzɔn]
auroque (m)	Wisent (m)	['viːzɛnt]
búfalo (m)	Büffel (m)	['bʏfəl]
zebra (f)	Zebra (n)	['tseːbʁa]
antílope (m)	Antilope (f)	[anti'loːpə]
corça (f)	Reh (n)	[ʁeː]
gamo (m)	Damhirsch (m)	['damhɪʁʃ]
camurça (f)	Gämse (f)	['gɛmzə]
javali (m)	Wildschwein (n)	['vɪltʃvaɪn]
baleia (f)	Wal (m)	[vaːl]
foca (f)	Seehund (m)	['zeːˌhʊnt]
morsa (f)	Walroß (n)	['vaːlˌʁɔs]
urso-marinho (m)	Seebär (m)	['zeːˌbɛːɐ]
golfinho (m)	Delfin (m)	[dɛl'fiːn]
urso (m)	Bär (m)	[bɛːɐ]
urso (m) polar	Eisbär (m)	['aɪsˌbɛːɐ]
panda (m)	Panda (m)	['panda]
macaco (m)	Affe (m)	['afə]
chimpanzé (m)	Schimpanse (m)	[ʃɪm'panzə]
orangotango (m)	Orang-Utan (m)	['oːʁaŋˌʔuːtan]
gorila (m)	Gorilla (m)	[go'ʁɪla]
macaco (m)	Makak (m)	[ma'kak]
gibão (m)	Gibbon (m)	['gɪbɔn]
elefante (m)	Elefant (m)	[ele'fant]
rinoceronte (m)	Nashorn (n)	['naːsˌhɔʁn]
girafa (f)	Giraffe (f)	[ˌgi'ʁafə]
hipopótamo (m)	Flusspferd (n)	['flʊsˌpfeːɐt]
canguru (m)	Känguru (n)	['kɛŋguʁu]
coala (m)	Koala (m)	[ko'aːla]
mangusto (m)	Manguste (f)	[maŋ'gʊstə]
chinchila (f)	Chinchilla (n)	[tʃɪn'tʃɪla]
cangambá (f)	Stinktier (n)	['ʃtɪŋkˌtiːɐ]
porco-espinho (m)	Stachelschwein (n)	['ʃtaxəlʃvaɪn]

137. Animais domésticos

gata (f)	Katze (f)	['katsə]
gato (m) macho	Kater (m)	['kaːtɐ]
cão (m)	Hund (m)	[hʊnt]

cavalo (m)	Pferd (n)	[pfe:ɐt]
garanhão (m)	Hengst (m)	['hɛŋst]
égua (f)	Stute (f)	['ʃtu:tə]
vaca (f)	Kuh (f)	[ku:]
touro (m)	Stier (m)	[ʃti:ɐ]
boi (m)	Ochse (m)	['ɔksə]
ovelha (f)	Schaf (n)	[ʃa:f]
carneiro (m)	Widder (m)	['vɪdɐ]
cabra (f)	Ziege (f)	['tsi:gə]
bode (m)	Ziegenbock (m)	['tsi:gən‚bɔk]
burro (m)	Esel (m)	['e:zəl]
mula (f)	Maultier (n)	['maʊl‚ti:ɐ]
porco (m)	Schwein (n)	[ʃvaɪn]
leitão (m)	Ferkel (n)	['fɛʁkəl]
coelho (m)	Kaninchen (n)	[ka'ni:nçən]
galinha (f)	Huhn (n)	[hu:n]
galo (m)	Hahn (m)	[ha:n]
pata (f), pato (m)	Ente (f)	['ɛntə]
pato (m)	Enterich (m)	['ɛntəʁɪç]
ganso (m)	Gans (f)	[gans]
peru (m)	Puter (m)	['pu:tɐ]
perua (f)	Pute (f)	['pu:tə]
animais (m pl) domésticos	Haustiere (pl)	['haʊs‚ti:ʁə]
domesticado (adj)	zahm	[tsa:m]
domesticar (vt)	zähmen (vt)	['tsɛ:mən]
criar (vt)	züchten (vt)	['tsʏçtən]
fazenda (f)	Farm (f)	[faʁm]
aves (f pl) domésticas	Geflügel (n)	[gə'fly:gəl]
gado (m)	Vieh (n)	[fi:]
rebanho (m), manada (f)	Herde (f)	['he:ɐdə]
estábulo (m)	Pferdestall (m)	['pfe:ɐdəʃtal]
chiqueiro (m)	Schweinestall (m)	['ʃvaɪnəʃtal]
estábulo (m)	Kuhstall (m)	['ku:ʃtal]
coelheira (f)	Kaninchenstall (m)	[ka'ni:nçənʃtal]
galinheiro (m)	Hühnerstall (m)	['hy:nɐʃtal]

138. Pássaros

pássaro (m), ave (f)	Vogel (m)	['fo:gəl]
pombo (m)	Taube (f)	['taʊbə]
pardal (m)	Spatz (m)	[ʃpats]
chapim-real (m)	Meise (f)	['maɪzə]
pega-rabuda (f)	Elster (f)	['ɛlstɐ]
corvo (m)	Rabe (m)	['ʁa:bə]

gralha-cinzenta (f)	**Krähe** (f)	['kʀɛːə]
gralha-de-nuca-cinzenta (f)	**Dohle** (f)	['doːlə]
gralha-calva (f)	**Saatkrähe** (f)	['zaːtˌkʀɛːə]
pato (m)	**Ente** (f)	['ɛntə]
ganso (m)	**Gans** (f)	[gans]
faisão (m)	**Fasan** (m)	[faˈzaːn]
águia (f)	**Adler** (m)	['aːdlɐ]
açor (m)	**Habicht** (m)	['haːbɪçt]
falcão (m)	**Falke** (m)	['falkə]
abutre (m)	**Greif** (m)	[gʀaɪf]
condor (m)	**Kondor** (m)	['kɔndoːɐ]
cisne (m)	**Schwan** (m)	[ʃvaːn]
grou (m)	**Kranich** (m)	['kʀaːnɪç]
cegonha (f)	**Storch** (m)	[ʃtɔʀç]
papagaio (m)	**Papagei** (m)	[papaˈgaɪ]
beija-flor (m)	**Kolibri** (m)	['koːlibʀi]
pavão (m)	**Pfau** (m)	[pfaʊ]
avestruz (m)	**Strauß** (m)	[ʃtʀaʊs]
garça (f)	**Reiher** (m)	['ʀaɪɐ]
flamingo (m)	**Flamingo** (m)	[flaˈmɪŋgo]
pelicano (m)	**Pelikan** (m)	['peːlikaːn]
rouxinol (m)	**Nachtigall** (f)	['naχtɪgal]
andorinha (f)	**Schwalbe** (f)	['ʃvalbə]
tordo-zornal (m)	**Drossel** (f)	['dʀɔsəl]
tordo-músico (m)	**Singdrossel** (f)	['zɪŋˌdʀɔsəl]
melro-preto (m)	**Amsel** (f)	['amzəl]
andorinhão (m)	**Segler** (m)	['zeːglɐ]
cotovia (f)	**Lerche** (f)	['lɛʀçə]
codorna (f)	**Wachtel** (f)	['vaχtəl]
pica-pau (m)	**Specht** (m)	[ʃpɛçt]
cuco (m)	**Kuckuck** (m)	['kʊkʊk]
coruja (f)	**Eule** (f)	['ɔɪlə]
bufo-real (m)	**Uhu** (m)	['uːhu]
tetraz-grande (m)	**Auerhahn** (m)	['aʊɐˌhaːn]
tetraz-lira (m)	**Birkhahn** (m)	['bɪʀkˌhaːn]
perdiz-cinzenta (f)	**Rebhuhn** (n)	['ʀeːpˌhuːn]
estorninho (m)	**Star** (m)	[ʃtaːɐ]
canário (m)	**Kanarienvogel** (m)	[kaˈnaːʀɪənˌfoːgəl]
galinha-do-mato (f)	**Haselhuhn** (n)	['haːzəlˌhuːn]
tentilhão (m)	**Buchfink** (m)	['buːχfɪŋk]
dom-fafe (m)	**Gimpel** (m)	['gɪmpəl]
gaivota (f)	**Möwe** (f)	['møːvə]
albatroz (m)	**Albatros** (m)	['albatʀɔs]
pinguim (m)	**Pinguin** (m)	['pɪŋguiːn]

139. Peixes. Animais marinhos

brema (f)	Brachse (f)	['bʀaksə]
carpa (f)	Karpfen (m)	['kaʁpfən]
perca (f)	Barsch (m)	[baʁʃ]
siluro (m)	Wels (m)	[vɛls]
lúcio (m)	Hecht (m)	[hɛçt]
salmão (m)	Lachs (m)	[laks]
esturjão (m)	Stör (m)	[ʃtøːɐ]
arenque (m)	Hering (m)	['heːʀɪŋ]
salmão (m) do Atlântico	atlantische Lachs (m)	[at'lantɪʃə laks]
cavala, sarda (f)	Makrele (f)	[ma'kʀeːlə]
solha (f), linguado (m)	Scholle (f)	['ʃɔlə]
lúcio perca (m)	Zander (m)	['tsandɐ]
bacalhau (m)	Dorsch (m)	[dɔʁʃ]
atum (m)	Tunfisch (m)	['tuːnfɪʃ]
truta (f)	Forelle (f)	[ˌfo'ʀɛlə]
enguia (f)	Aal (m)	[aːl]
raia (f) elétrica	Zitterrochen (m)	['tsɪtɐˌʀɔχən]
moreia (f)	Muräne (f)	[mu'ʀɛːnə]
piranha (f)	Piranha (m)	[pi'ʀanja]
tubarão (m)	Hai (m)	[haɪ]
golfinho (m)	Delfin (m)	[dɛl'fiːn]
baleia (f)	Wal (m)	[vaːl]
caranguejo (m)	Krabbe (f)	['kʀabə]
água-viva (f)	Meduse (f)	[me'duːzə]
polvo (m)	Krake (m)	['kʀaːkə]
estrela-do-mar (f)	Seestern (m)	['zeːˌʃtɛʁn]
ouriço-do-mar (m)	Seeigel (m)	['zeːˌʔiːgəl]
cavalo-marinho (m)	Seepferdchen (n)	['zeːˌpfeːɐtçən]
ostra (f)	Auster (f)	['aʊstɐ]
camarão (m)	Garnele (f)	[gaʁ'neːlə]
lagosta (f)	Hummer (m)	['hʊmɐ]
lagosta (f)	Languste (f)	[laŋ'gʊstə]

140. Anfíbios. Répteis

cobra (f)	Schlange (f)	['ʃlaŋə]
venenoso (adj)	Gift-, giftig	[gɪft], ['gɪftɪç]
víbora (f)	Viper (f)	['viːpɐ]
naja (f)	Kobra (f)	['koːbʀa]
píton (m)	Python (m)	['pyːtɔn]
jiboia (f)	Boa (f)	['boːa]
cobra-de-água (f)	Ringelnatter (f)	['ʀɪŋəlˌnatɐ]

| cascavel (f) | Klapperschlange (f) | ['klapɐˌʃlaŋə] |
| anaconda (f) | Anakonda (f) | [ana'kɔnda] |

lagarto (m)	Eidechse (f)	['aɪdɛksə]
iguana (f)	Leguan (m)	['leːguaːn]
varano (m)	Waran (m)	[va'Raːn]
salamandra (f)	Salamander (m)	[zala'mandɐ]
camaleão (m)	Chamäleon (n)	[ka'mɛːleˌɔn]
escorpião (m)	Skorpion (m)	[skɔʁ'pjoːn]

tartaruga (f)	Schildkröte (f)	['ʃɪltˌkʁøːtə]
rã (f)	Frosch (m)	[fʁɔʃ]
sapo (m)	Kröte (f)	['kʁøːtə]
crocodilo (m)	Krokodil (n)	[kʁoko'diːl]

141. Insetos

inseto (m)	Insekt (n)	[ɪn'zɛkt]
borboleta (f)	Schmetterling (m)	['ʃmɛtəlɪŋ]
formiga (f)	Ameise (f)	['aːmaɪzə]
mosca (f)	Fliege (f)	['fliːgə]
mosquito (m)	Mücke (f)	['mʏkə]
escaravelho (m)	Käfer (m)	['kɛːfɐ]

vespa (f)	Wespe (f)	['vɛspə]
abelha (f)	Biene (f)	['biːnə]
mamangaba (f)	Hummel (f)	['hʊməl]
moscardo (m)	Bremse (f)	['bʁɛmzə]

| aranha (f) | Spinne (f) | ['ʃpɪnə] |
| teia (f) de aranha | Spinnennetz (n) | ['ʃpɪnənˌnɛts] |

libélula (f)	Libelle (f)	[li'bɛlə]
gafanhoto (m)	Grashüpfer (m)	['gʁaːsˌhʏpfɐ]
traça (f)	Schmetterling (m)	['ʃmɛtəlɪŋ]

barata (f)	Schabe (f)	['ʃaːbə]
carrapato (m)	Zecke (f)	['tsɛkə]
pulga (f)	Floh (m)	[floː]
borrachudo (m)	Kriebelmücke (f)	['kʁiːbəlˌmʏkə]

gafanhoto (m)	Heuschrecke (f)	['hɔɪʃʁɛkə]
caracol (m)	Schnecke (f)	['ʃnɛkə]
grilo (m)	Heimchen (n)	['haɪmçən]
pirilampo, vaga-lume (m)	Leuchtkäfer (m)	['lɔɪçtˌkɛːfɐ]
joaninha (f)	Marienkäfer (m)	[ma'ʁiːənˌkɛːfɐ]
besouro (m)	Maikäfer (m)	['maɪˌkɛːfɐ]

sanguessuga (f)	Blutegel (m)	['bluːtˌʔeːgəl]
lagarta (f)	Raupe (f)	['ʁaʊpə]
minhoca (f)	Wurm (m)	[vʊʁm]
larva (f)	Larve (f)	['laʁfə]

Flora

142. Árvores

árvore (f)	Baum (m)	[baʊm]
decídua (adj)	Laub-	[laʊp]
conífera (adj)	Nadel-	['na:dəl]
perene (adj)	immergrün	['ɪmɐˌgʀy:n]

macieira (f)	Apfelbaum (m)	['apfəlˌbaʊm]
pereira (f)	Birnbaum (m)	['bɪʀnˌbaʊm]
cerejeira (f)	Süßkirschbaum (m)	['zy:skɪʀʃˌbaʊm]
ginjeira (f)	Sauerkirschbaum (m)	[zaʊə'kɪʀʃˌbaʊm]
ameixeira (f)	Pflaumenbaum (m)	['pflaʊmənˌbaʊm]

bétula (f)	Birke (f)	['bɪʀkə]
carvalho (m)	Eiche (f)	['aɪçə]
tília (f)	Linde (f)	['lɪndə]
choupo-tremedor (m)	Espe (f)	['ɛspə]
bordo (m)	Ahorn (m)	['a:hɔʀn]
espruce (m)	Fichte (f)	['fɪçtə]
pinheiro (m)	Kiefer (f)	['ki:fɐ]
alerce, lariço (m)	Lärche (f)	['lɛʀçə]
abeto (m)	Tanne (f)	['tanə]
cedro (m)	Zeder (f)	['tse:dɐ]

choupo, álamo (m)	Pappel (f)	['papəl]
tramazeira (f)	Vogelbeerbaum (m)	['fo:gəlbe:ɐˌbaʊm]
salgueiro (m)	Weide (f)	['vaɪdə]
amieiro (m)	Erle (f)	['ɛʀlə]
faia (f)	Buche (f)	['bu:xə]
ulmeiro, olmo (m)	Ulme (f)	['ʊlmə]
freixo (m)	Esche (f)	['ɛʃə]
castanheiro (m)	Kastanie (f)	[kas'ta:niə]

magnólia (f)	Magnolie (f)	[mag'no:lɪə]
palmeira (f)	Palme (f)	['palmə]
cipreste (m)	Zypresse (f)	[tsy'pʀɛsə]

mangue (m)	Mangrovenbaum (m)	[maŋ'gʀo:vənˌbaʊm]
embondeiro, baobá (m)	Baobab (m)	['ba:obap]
eucalipto (m)	Eukalyptus (m)	[ɔɪka'lʏptʊs]
sequoia (f)	Mammutbaum (m)	['mamʊtˌbaʊm]

143. Arbustos

arbusto (m)	Strauch (m)	[ʃtʀaʊx]
arbusto (m), moita (f)	Gebüsch (n)	[gə'bʏʃ]

| videira (f) | Weinstock (m) | ['vaɪnˌʃtɔk] |
| vinhedo (m) | Weinberg (m) | ['vaɪnˌbɛʁk] |

framboeseira (f)	Himbeerstrauch (m)	['hɪmbeːɐˌʃtʀaʊχ]
groselheira-negra (f)	schwarze Johannisbeere (f)	['ʃvaʁtsə joː'hanɪsbeːʀə]
groselheira-vermelha (f)	rote Johannisbeere (f)	['ʀoːtə joː'hanɪsbeːʀə]
groselheira (f) espinhosa	Stachelbeerstrauch (m)	['ʃtaχəlbeːɐˌʃtʀaʊχ]

acácia (f)	Akazie (f)	[a'kaːtsiə]
bérberis (f)	Berberitze (f)	[bɛʁbə'ʀɪtsə]
jasmim (m)	Jasmin (m)	[jas'miːn]

junípero (m)	Wacholder (m)	[va'χɔldɐ]
roseira (f)	Rosenstrauch (m)	['ʀoːzənˌʃtʀaʊχ]
roseira (f) brava	Heckenrose (f)	['hɛkənˌʀoːzə]

144. Frutos. Bagas

fruta (f)	Frucht (f)	[fʀʊχt]
frutas (f pl)	Früchte (pl)	['fʀʏçtə]
maçã (f)	Apfel (m)	['apfəl]
pera (f)	Birne (f)	['bɪʁnə]
ameixa (f)	Pflaume (f)	['pflaʊmə]

morango (m)	Erdbeere (f)	['eːɐtˌbeːʀə]
ginja (f)	Sauerkirsche (f)	['zaʊɐˌkɪʁʃə]
cereja (f)	Süßkirsche (f)	['zyːsˌkɪʁʃə]
uva (f)	Weintrauben (pl)	['vaɪnˌtʀaʊbən]

framboesa (f)	Himbeere (f)	['hɪmˌbeːʀə]
groselha (f) negra	schwarze Johannisbeere (f)	['ʃvaʁtsə joː'hanɪsbeːʀə]
groselha (f) vermelha	rote Johannisbeere (f)	['ʀoːtə joː'hanɪsbeːʀə]
groselha (f) espinhosa	Stachelbeere (f)	['ʃtaχəlˌbeːʀə]
oxicoco (m)	Moosbeere (f)	['moːsˌbeːʀə]

laranja (f)	Apfelsine (f)	[apfəl'ziːnə]
tangerina (f)	Mandarine (f)	[ˌmanda'ʀiːnə]
abacaxi (m)	Ananas (f)	['ananas]

| banana (f) | Banane (f) | [ba'naːnə] |
| tâmara (f) | Dattel (f) | ['datəl] |

limão (m)	Zitrone (f)	[tsi'tʀoːnə]
damasco (m)	Aprikose (f)	[ˌapʀi'koːzə]
pêssego (m)	Pfirsich (m)	['pfɪʁzɪç]

| quiuí (m) | Kiwi, Kiwifrucht (f) | ['kiːvi], ['kiːviˌfʀʊχt] |
| toranja (f) | Grapefruit (f) | ['gʀɛɪpˌfʀuːt] |

baga (f)	Beere (f)	['beːʀə]
bagas (f pl)	Beeren (pl)	['beːʀən]
arando (m) vermelho	Preiselbeere (f)	['pʀaɪzəlˌbeːʀə]
morango-silvestre (m)	Walderdbeere (f)	['valtʔeːɐtˌbeːʀə]
mirtilo (m)	Heidelbeere (f)	['haɪdəlˌbeːʀə]

145. Flores. Plantas

flor (f)	Blume (f)	['blu:mə]
buquê (m) de flores	Blumenstrauß (m)	['blu:mən‚ʃtraʊs]
rosa (f)	Rose (f)	['ʀo:zə]
tulipa (f)	Tulpe (f)	['tʊlpə]
cravo (m)	Nelke (f)	['nɛlkə]
gladíolo (m)	Gladiole (f)	[‚gla'dɪo:lə]
centáurea (f)	Kornblume (f)	['kɔʁn‚blu:mə]
campainha (f)	Glockenblume (f)	['glɔkəŋ‚blu:mə]
dente-de-leão (m)	Löwenzahn (m)	['lø:vən‚tsa:n]
camomila (f)	Kamille (f)	[ka'mɪlə]
aloé (m)	Aloe (f)	['a:loe]
cacto (m)	Kaktus (m)	['kaktʊs]
fícus (m)	Gummibaum (m)	['gʊmi‚baʊm]
lírio (m)	Lilie (f)	['li:liə]
gerânio (m)	Geranie (f)	[ge'ʀa:nɪə]
jacinto (m)	Hyazinthe (f)	[hya'tsɪntə]
mimosa (f)	Mimose (f)	[mi'mo:zə]
narciso (m)	Narzisse (f)	[naʁ'tsɪsə]
capuchinha (f)	Kapuzinerkresse (f)	[‚kapu'tsi:nɐ‚kʀɛsə]
orquídea (f)	Orchidee (f)	[‚ɔʁçi'de:ə]
peônia (f)	Pfingstrose (f)	['pfɪŋst‚ʀo:zə]
violeta (f)	Veilchen (n)	['faɪlçən]
amor-perfeito (m)	Stiefmütterchen (n)	['ʃti:f‚mʏtɐçən]
não-me-esqueças (m)	Vergissmeinnicht (n)	[‚fɛɐ'gɪs·maɪn·nɪçt]
margarida (f)	Gänseblümchen (n)	['gɛnzə‚bly:mçən]
papoula (f)	Mohn (m)	[mo:n]
cânhamo (m)	Hanf (m)	[hanf]
hortelã, menta (f)	Minze (f)	['mɪntsə]
lírio-do-vale (m)	Maiglöckchen (n)	['maɪ‚glœkçən]
campânula-branca (f)	Schneeglöckchen (n)	['ʃne:glœkçən]
urtiga (f)	Brennnessel (f)	['bʀɛn‚nɛsəl]
azedinha (f)	Sauerampfer (m)	['zaʊɐ‚ʔampfɐ]
nenúfar (m)	Seerose (f)	['ze:‚ʀo:zə]
samambaia (f)	Farn (m)	[faʁn]
líquen (m)	Flechte (f)	['flɛçtə]
estufa (f)	Gewächshaus (n)	[gə'vɛks‚haʊs]
gramado (m)	Rasen (m)	['ʀa:zən]
canteiro (m) de flores	Blumenbeet (n)	['blu:məən·be:t]
planta (f)	Pflanze (f)	['pflantsə]
grama (f)	Gras (n)	[gʀa:s]
folha (f) de grama	Grashalm (m)	['gʀa:s‚halm]

folha (f)	**Blatt** (n)	[blat]
pétala (f)	**Blütenblatt** (n)	['bly:tən‚blat]
talo (m)	**Stiel** (m)	[ʃtiːl]
tubérculo (m)	**Knolle** (f)	['knɔlə]

broto, rebento (m)	**Jungpflanze** (f)	['jʊŋ‚pflantsə]
espinho (m)	**Dorn** (m)	[dɔʁn]

florescer (vi)	**blühen** (vi)	['blyːən]
murchar (vi)	**welken** (vi)	['vɛlkən]
cheiro (m)	**Geruch** (m)	[gə'ʁʊχ]
cortar (flores)	**abschneiden** (vt)	['apʃnaɪdən]
colher (uma flor)	**pflücken** (vt)	['pflʏkən]

146. Cereais, grãos

grão (m)	**Getreide** (n)	[gə'tʁaɪdə]
cereais (plantas)	**Getreidepflanzen** (pl)	[gə'tʁaɪdə‚pflantsən]
espiga (f)	**Ähre** (f)	['ɛːʁə]

trigo (m)	**Weizen** (m)	['vaɪtsən]
centeio (m)	**Roggen** (m)	['ʁɔgən]
aveia (f)	**Hafer** (m)	['haːfe]
painço (m)	**Hirse** (f)	['hɪʁzə]
cevada (f)	**Gerste** (f)	['gɛʁstə]

milho (m)	**Mais** (m)	['maɪs]
arroz (m)	**Reis** (m)	[ʁaɪs]
trigo-sarraceno (m)	**Buchweizen** (m)	['buːχ‚vaɪtsən]

ervilha (f)	**Erbse** (f)	['ɛʁpsə]
feijão (m) roxo	**weiße Bohne** (f)	['vaɪsə 'boːnə]
soja (f)	**Sojabohne** (f)	['zoːja‚boːnə]
lentilha (f)	**Linse** (f)	['lɪnzə]
feijão (m)	**Bohnen** (pl)	['boːnən]

PAÍSES. NACIONALIDADES

147. Europa Ocidental

Europa (f)	Europa (n)	[ɔɪˈʀoːpa]
União (f) Europeia	Europäische Union (f)	[ˌɔɪʀoˈpɛːɪʃə ʔuˈnjoːn]
Áustria (f)	Österreich (n)	[ˈøːstəʀaɪç]
Grã-Bretanha (f)	Großbritannien (n)	[ɡʀoːsˈbʀiˈtanɪən]
Inglaterra (f)	England (n)	[ˈɛŋlant]
Bélgica (f)	Belgien (n)	[ˈbɛlɡɪən]
Alemanha (f)	Deutschland (n)	[ˈdɔɪtʃlant]
Países Baixos (m pl)	Niederlande (f)	[ˈniːdəˌlandə]
Holanda (f)	Holland (n)	[ˈhɔlant]
Grécia (f)	Griechenland (n)	[ˈɡʀiːçənˌlant]
Dinamarca (f)	Dänemark (n)	[ˈdɛːnəˌmaʁk]
Irlanda (f)	Irland (n)	[ˈɪʁlant]
Islândia (f)	Island (n)	[ˈiːslant]
Espanha (f)	Spanien (n)	[ˈʃpaːnɪən]
Itália (f)	Italien (n)	[iˈtaːlɪən]
Chipre (m)	Zypern (n)	[ˈtsyːpɐn]
Malta (f)	Malta (n)	[ˈmalta]
Noruega (f)	Norwegen (n)	[ˈnɔʁˌveːɡən]
Portugal (m)	Portugal (n)	[ˈpɔʁtugal]
Finlândia (f)	Finnland (n)	[ˈfɪnlant]
França (f)	Frankreich (n)	[ˈfʀaŋkʀaɪç]
Suécia (f)	Schweden (n)	[ˈʃveːdən]
Suíça (f)	Schweiz (f)	[ʃvaɪts]
Escócia (f)	Schottland (n)	[ˈʃɔtlant]
Vaticano (m)	Vatikan (m)	[vatiˈkaːn]
Liechtenstein (m)	Liechtenstein (n)	[ˈlɪçtənˌʃtaɪn]
Luxemburgo (m)	Luxemburg (n)	[ˈlʊksəmˌbʊʁk]
Mônaco (m)	Monaco (n)	[moˈnako]

148. Europa Central e de Leste

Albânia (f)	Albanien (n)	[alˈbaːnɪən]
Bulgária (f)	Bulgarien (n)	[bʊlˈɡaːʀɪən]
Hungria (f)	Ungarn (n)	[ˈʊŋɡaʁn]
Letônia (f)	Lettland (n)	[ˈlɛtlant]
Lituânia (f)	Litauen (n)	[ˈlɪtaʊən]
Polônia (f)	Polen (n)	[ˈpoːlən]

Romênia (f)	Rumänien (n)	[ʀuˈmɛːnɪən]
Sérvia (f)	Serbien (n)	[ˈzɛʀbɪən]
Eslováquia (f)	Slowakei (f)	[slovaˈkaɪ]

Croácia (f)	Kroatien (n)	[kʀoˈaːtsɪən]
República (f) Checa	Tschechien (n)	[ˈtʃɛçɪən]
Estônia (f)	Estland (n)	[ˈɛstlant]

Bósnia e Herzegovina (f)	Bosnien und Herzegowina (n)	[ˈbɔsnɪən ʊnt ˌhɛʀtsəˈgɔvinaː]
Macedônia (f)	Makedonien (n)	[makəˈdoːnɪən]
Eslovênia (f)	Slowenien (n)	[sloˈveːnɪən]
Montenegro (m)	Montenegro (n)	[mɔnteˈneːgʀo]

149. Países da ex-URSS

| Azerbaijão (m) | Aserbaidschan (n) | [ˌazɛʀbaɪˈdʒaːn] |
| Armênia (f) | Armenien (n) | [aʀˈmeːnɪən] |

Belarus	Weißrussland (n)	[ˈvaɪsˌʀʊslant]
Geórgia (f)	Georgien (n)	[geˈɔʀgɪən]
Cazaquistão (m)	Kasachstan (n)	[ˈkaːzaχˌstaːn]
Quirguistão (m)	Kirgisien (n)	[ˈkɪʀgiːzɪən]
Moldávia (f)	Moldawien (n)	[mɔlˈdaːvɪən]

| Rússia (f) | Russland (n) | [ˈʀʊslant] |
| Ucrânia (f) | Ukraine (f) | [ˌukʀaˈiːnə] |

Tajiquistão (m)	Tadschikistan (n)	[taˈdʒiːkɪstaːn]
Turquemenistão (m)	Turkmenistan (n)	[tʊʀkˈmeːnɪstaːn]
Uzbequistão (f)	Usbekistan (n)	[ʊsˈbeːkɪstaːn]

150. Asia

Ásia (f)	Asien (n)	[ˈaːzɪən]
Vietnã (m)	Vietnam (n)	[vɪɛtˈnam]
Índia (f)	Indien (n)	[ˈɪndɪən]
Israel (m)	Israel (n)	[ˈɪsʀaeːl]

China (f)	China (n)	[ˈçiːna]
Líbano (m)	Libanon (m, n)	[ˈliːbanɔn]
Mongólia (f)	Mongolei (f)	[ˌmɔŋgoˈlaɪ]

| Malásia (f) | Malaysia (n) | [maˈlaɪzɪa] |
| Paquistão (m) | Pakistan (n) | [ˈpaːkɪstaːn] |

Arábia (f) Saudita	Saudi-Arabien (n)	[ˌzaʊdiʔaˈʀaːbɪən]
Tailândia (f)	Thailand (n)	[ˈtaɪlant]
Taiwan (m)	Taiwan (n)	[taɪˈvaːn]
Turquia (f)	Türkei (f)	[tʏʀˈkaɪ]
Japão (m)	Japan (n)	[ˈjaːpan]
Afeganistão (m)	Afghanistan (n)	[afˈgaːnɪstaːn]

Bangladesh (m)	Bangladesch (n)	[ˌbaŋgla'dɛʃ]
Indonésia (f)	Indonesien (n)	[ɪndo'ne:zɪən]
Jordânia (f)	Jordanien (n)	[jɔʁ'da:nɪən]

Iraque (m)	Irak (m, n)	[i'ʁa:k]
Irã (m)	Iran (m, n)	[i'ʁa:n]
Camboja (f)	Kambodscha (n)	[kam'bɔdʒa]
Kuwait (m)	Kuwait (n)	[ku'vaɪt]

Laos (m)	Laos (n)	['la:ɔs]
Birmânia (f)	Myanmar (n)	['mɪanma:ɐ]
Nepal (m)	Nepal (n)	['ne:pal]
Emirados Árabes Unidos	Vereinigten Arabischen Emirate (pl)	[fɛɐ'?aɪnɪgən a'ʁa:bɪʃən emi'ʁa:tə]

Síria (f)	Syrien (n)	['zy:ʁɪən]
Palestina (f)	Palästina (n)	[palɛs'ti:na]

Coreia (f) do Sul	Südkorea (n)	['zy:tko'ʁe:a]
Coreia (f) do Norte	Nordkorea (n)	['nɔʁt·ko'ʁe:a]

151. América do Norte

Estados Unidos da América	Die Vereinigten Staaten	[di fɛɐ'?aɪnɪçtən 'ʃta:tən]
Canadá (m)	Kanada (n)	['kanada]
México (m)	Mexiko (n)	['mɛksiko:]

152. América Central do Sul

Argentina (f)	Argentinien (n)	[ˌaʁgɛn'ti:nɪən]
Brasil (m)	Brasilien (n)	[bʁa'zi:lɪən]
Colômbia (f)	Kolumbien (n)	[ko'lʊmbɪən]

Cuba (f)	Kuba (n)	['ku:ba]
Chile (m)	Chile (n)	['tʃi:lə]

Bolívia (f)	Bolivien (n)	[bo'li:vɪən]
Venezuela (f)	Venezuela (n)	[ˌvene'tsue:la]

Paraguai (m)	Paraguay (n)	['pa:ʁagvaɪ]
Peru (m)	Peru (n)	[pe'ʁu:]

Suriname (m)	Suriname (n)	[syʁi'na:mə]
Uruguai (m)	Uruguay (n)	['u:ʁugvaɪ]
Equador (m)	Ecuador (n)	[ˌekua'do:ɐ]

Bahamas (f pl)	Die Bahamas	[di ba'ha:ma:s]
Haiti (m)	Haiti (n)	[ha'i:ti]

República Dominicana	Dominikanische Republik (f)	[dominiˌka:nɪʃə ʁepu'blik]
Panamá (m)	Panama (n)	['panama:]
Jamaica (f)	Jamaika (n)	[ja'maɪka]

153. Africa

Egito (m)	Ägypten (n)	[ɛ'gʏptən]
Marrocos	Marokko (n)	[ˌma'ʀɔko]
Tunísia (f)	Tunesien (n)	[tu'neːzɪən]

Gana (f)	Ghana (n)	['gaːna]
Zanzibar (m)	Sansibar (n)	['zanzibaːɐ]
Quênia (f)	Kenia (n)	['keːnia]
Líbia (f)	Libyen (n)	['liːbyən]
Madagascar (m)	Madagaskar (n)	[ˌmada'gaskaɐ]

Namíbia (f)	Namibia (n)	[na'miːbia]
Senegal (m)	Senegal (m)	['zeːnegal]
Tanzânia (f)	Tansania (n)	[tan'zaːnɪa]
África (f) do Sul	Republik Südafrika (f)	[ʀepu'bliːk zyːtˌʔaːfʀika]

154. Austrália. Oceania

| Austrália (f) | Australien (n) | [aʊs'tʀaːlɪən] |
| Nova Zelândia (f) | Neuseeland (n) | [nɔɪ'zeːlant] |

| Tasmânia (f) | Tasmanien (n) | [tas'maːnɪən] |
| Polinésia (f) Francesa | Französisch-Polynesien (n) | [fʀan'tsøːzɪʃ poly'neːzɪən] |

155. Cidades

Amesterdã, Amsterdã	Amsterdam (n)	[ˌamstɐ'dam]
Ancara	Ankara (n)	['aŋkaʀa]
Atenas	Athen (n)	[a'teːn]
Bagdade	Bagdad (n)	['bakdat]
Bancoque	Bangkok (n)	['baŋkɔk]

Barcelona	Barcelona (n)	[ˌbaʀsə'loːnaː]
Beirute	Beirut (n)	[baɪ'ʀuːt]
Berlim	Berlin (n)	[bɛɐ'liːn]
Bonn	Bonn (n)	[bɔn]
Bordéus	Bordeaux (n)	[boɐ'doː]

Bratislava	Bratislava (n)	[bʀatɪs'laːva]
Bruxelas	Brüssel (n)	['bʀʏsəl]
Bucareste	Bukarest (n)	['bukaʀɛst]
Budapeste	Budapest (n)	['buːdaˌpɛst]
Cairo	Kairo (n)	['kaɪʀo]

Calcutá	Kalkutta (n)	[kal'kʊta]
Chicago	Chicago (n)	[ʃɪ'kaːgo]
Cidade do México	Mexiko-Stadt (n)	['mɛksiko 'ʃtat]
Copenhague	Kopenhagen (n)	[ˌkopən'haːgən]
Dar es Salaam	Daressalam (n)	[daʀɛsa'laːm]
Deli	Delhi (n)	['dɛli]

Dubai	Dubai (n)	['du:baɪ]
Dublim	Dublin (n)	['dablɪn]
Düsseldorf	Düsseldorf (n)	['dʏsəl͵dɔʁf]
Estocolmo	Stockholm (n)	['ʃtɔkhɔlm]
Florença	Florenz (n)	[flo'ʀɛnts]
Frankfurt	Frankfurt (n)	['fʀaŋkfuʁt]
Genebra	Genf (n)	[gɛnf]
Haia	Den Haag (n)	[den 'ha:k]
Hamburgo	Hamburg (n)	['hambuʁk]
Hanói	Hanoi (n)	[ha'nɔɪ]
Havana	Havanna (n)	[ha'vana]
Helsinque	Helsinki (n)	['helsiŋki]
Hiroshima	Hiroshima (n)	[hiʀo'ʃi:ma]
Hong Kong	Hongkong (n)	['hɔŋkɔŋ]
Istambul	Istanbul (n)	['ɪstambu:l]
Jerusalém	Jerusalem (n)	[je'ʀu:zalɛm]
Kiev, Quieve	Kiew (n)	['ki:ɛf]
Kuala Lumpur	Kuala Lumpur (n)	[ku'ala 'lumpuʁ]
Lion	Lyon (n)	[li'ɔŋ]
Lisboa	Lissabon (n)	['lɪsabɔn]
Londres	London (n)	['lɔndɔn]
Los Angeles	Los Angeles (n)	[lɔs'ændʒəlɪs]
Madrid	Madrid (n)	[ma'dʀɪt]
Marselha	Marseille (n)	[maʁ'sɛ:j]
Miami	Miami (n)	[maj'ɛmɪ]
Montreal	Montreal (n)	[mɔntʀe'al]
Moscou	Moskau (n)	['mɔskaʊ]
Mumbai	Bombay (n)	['bɔmbeɪ]
Munique	München (n)	['mʏnçən]
Nairóbi	Nairobi (n)	[naɪ'ʀo:bi]
Nápoles	Neapel (n)	[ne'apəl]
Nice	Nizza (n)	['nɪtsa:]
Nova York	New York (n)	[nju: 'jɔ:k]
Oslo	Oslo (n)	['ɔslo:]
Ottawa	Ottawa (n)	[ɔ'tava]
Paris	Paris (n)	[pa'ʀi:s]
Pequim	Peking (n)	['pe:kɪŋ]
Praga	Prag (n)	[pʀa:k]
Rio de Janeiro	Rio de Janeiro (n)	['ʀi:o de: ʒa'ne:ʀo]
Roma	Rom (n)	[ʀo:m]
São Petersburgo	Sankt Petersburg (n)	['sankt 'pe:tɛsbuʁk]
Seul	Seoul (n)	[ze'u:l]
Singapura	Singapur (n)	['zɪŋgapu:ɐ]
Sydney	Sydney (n)	['sɪdnɪ]
Taipé	Taipeh (n)	[taɪ'pe:]
Tóquio	Tokio (n)	['to:kɪo:]
Toronto	Toronto (n)	[to'ʀɔnto]
Varsóvia	Warschau (n)	['vaʁʃaʊ]

Veneza	**Venedig** (n)	[ve'neːdɪç]
Viena	**Wien** (n)	[viːn]
Washington	**Washington** (n)	['vɔʃɪŋtən]
Xangai	**Schanghai** (n)	[ʃaŋ'haɪ]